強運を引き寄せる！

# “神様チャネリング”ですべてうまくいく！

スピリチュアル心理カウンセラー
日下由紀恵
YUKIE KUSAKA

すばる舎

# はじめに　〝神様チャネリング〟で人生が変わる！

願いを叶える「引き寄せの法則」をテーマにした書籍、みなさんも一度は目にしたことがあるでしょう。「引き寄せ力」という言葉もよく聞かれるようになりましたね。

「引き寄せ力」ってなんでしょう。

それは、自分が思うままに、理想のライフスタイルを送っていける奇跡の能力。

「引き寄せ力」を手に入れて、人生を好転させたい！　苦労なく、願いを叶えたい！

そんなふうに思ってらっしゃる読者の方もたくさんいることでしょう。

「引き寄せ力」という言葉に惹かれるのは、みなさんに奇跡を起こす力があるから。

そして、すべてを兼ね備えている魔法の杖を、生まれながらにして持たされていて、それらの存在に気づき始めたということです。

今まさに、心の奥の本当の自分が、〝変わりたい！　人生を変えたい！〟と、殻を破ろうとしているとき。その力が発揮される地点に来たということを意味しています。

それを助けるのはほかでもない、目に見えない、異次元の存在。

たとえば、みなさんのおじいちゃんおばあちゃん、親戚のおばさん、おじさん、亡くなってしまった大事なご家族、友人、ペットたち……。〝カレラ〟はみなさんのことが大好きで、天国からいつもサポートや導きを送ってくれています。

気のせいか声が聞こえた気がする……。隣に亡くなった友人がいる気がする……。それは気のせいではありません。それこそが【守護霊力】です！

ほかにも、神社を訪れるとすっきりする【神様力】、お日様に当たると気持ちいい【太陽のパワー力】、月を見ると嬉しい気持ちになる【月の女神浄化力】。

そして、「自分の人生を激変させたい！」という強い思い、これがみなさんの【魂力】です。

そう、私たちは気づかないところで、常に夢実現のための惜しみない後押しやリードを受けているのです。


実は成功していると言われる人はみな、この見えない力を味方につけています。

異次元の世界とつながることを「チャネリング」と言いますが、なかでも、神様たちと積極的につながり、大きな力をいただいて、人生をもっともっと速く、もっともっとラクにスイスイ進んでいくことを「神様チャネリング」と名づけました。

この能力をぜひみなさんにお伝えしたく、まとめたものが本書です。

これら異次元体からサポートを受けられるようになると、願いを叶える引き寄せの力が劇的に高くなるのです。

人生はさらに加速度を増し、夢を現実にする労力も時間もほんの少しですすむのです。

## みなさんには魔法の杖を使う許可が下りています

ところで、「チャネリング」という言葉、みなさんにとっては現実の理解を超えた謎めくものとして位置しているかもしれません。

それもそのはず、チャネリング能力というのは、天界によって使うことを許可されてはじめて導かれる力なのです。つまり今みなさんには新しい奇跡を起こす世界への扉が開かれ始めたということです！

チャネリングに惹かれるみなさんは、すでにこれまでに人生の大事な学びをいくつも乗り越えてきていることでしょう。

奇跡を起こす魔法の杖は、生まれてくるときに誰にでも持たされているものですが、それを使える許可を与えられているのは、ある段階に達したと神様から認められた人だけです。みなさんは、今まさにその魔法の杖の使い方を伝授されるときを迎えているのです。

では神様はどんな人に魔法の杖を持たせようと思うのでしょう。

それは日々、忍耐強く、向上心高く、自分を磨く努力をいとわない、人の笑顔が大好きな人……そう、みなさんのことです。

何事にも常に一生懸命に立ち向かうみなさんを、神様たちが放っておくわけがありません。今、「神様チャネリング」という言葉に惹かれるのは、なんとなく……なんかではなく、天界側からみなさんへの強いアプローチが起こっているから。

直感でこの本を手に取ってくださったのであれば、まさにチャネラーとしての本質が開き始めている証拠です。近い将来、スピリチュアルリーダーとして活躍する方でもあるでしょう。

## チャネリングによって、「理想の未来」を取り寄せる

私が神様から教えてもらった地上の長期予報によると、100年後には小学校でスピリチュアルの授業が始まると言われています。

これからは心をセンターに置いていく時代、目に見えないエネルギーとのコラボレーションが当たり前になってきます。

努力を重ねているのに結果につながらない……、自分だけ認めてもらえない……、未来が不安でたまらない……というみなさん、もう、自分ひとりで未来を切り開く苦労をしなくてもいいのです。

良きパートナーも、ふんだんな資金も、十分なエネルギーや時間も、天界にすべて

用意されています。あとはみなさんが「チャネリング」という技法を使って、理想の未来をお取り寄せしていくだけになっています。

この本を読んでいただければ、「チャネリング能力」は遠い世界のものではなく、「あれって、チャネリングだったんだ！」と、すでにみなさんが日常で実践していることに気づくでしょう。

本書ではパワーをくれる存在とのつながり方、その応用、また異次元界とのコラボで気をつけておくべき大事な点など、みなさんに最強のチャネラー、引き寄せ達人になっていただく方法を丁寧に説明していきます。

天界の神様も、天国の大好きな人も、みなさんからのアクセスを首を長くして待っていますよ。

さあ、あこがれのチャネラーの世界への扉を一緒に開き、新しい自分を見つけにいきましょう！

日下由紀恵

## CONTENTS



# CHAPTER 1
# あなたを見守る無数の存在たち

CHAPTER 2

# 奇跡を起こすチャネリングとは？

CHAPTER 3

# 見えない存在からのパワーを受け取る

CHAPTER 4

# 幸せの足を引っ張る者の正体とは？

CHAPTER 5

# 運命以上の素晴らしい未来がやってくる！

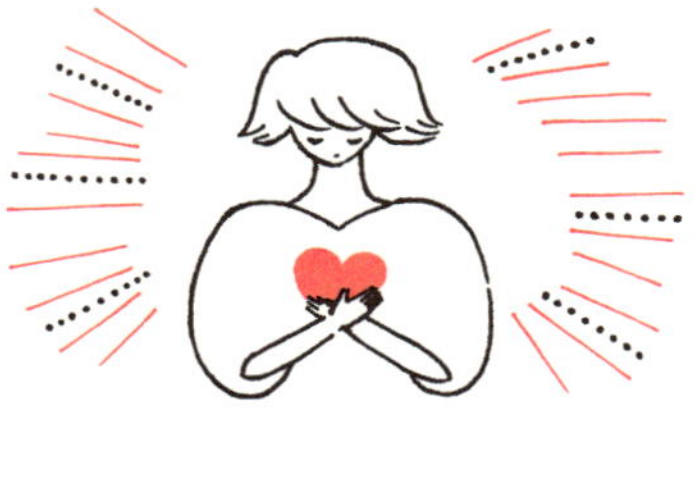

イラスト✦柊 有花
ブックデザイン✦白畠かおり

CHAPTER
1

# あなたを見守る無数の存在たち

# 悲劇は、ピンチに見せかけた「天界からのプレゼント」

## 「間違ったルート」に進んだおかげで、収入が倍々に…

みなさんは、今自分の人生にどのくらい満足していますか？

パーセンテージで言うと、どれくらいでしょうか？

50％？　70％？　10％、という人もいるかもしれませんね。

この本を手に取ってくださったということは、１００％自分の人生を輝かせたい！と思っている方々だと思います。なかには、人生を１８０度方向転換したい、と思っている方もいるでしょう。

自分の周りにはいつも困った人たちばかり……。
天職とは程遠い仕事内容……。
結婚したいのに、出会いがない……。
そもそも自分が本当はどうしたいのか、好きなことがよくわからない……。
私の人生、こんなんでいいの？

このように何か悩みごとを抱えていたり、やりきれない思いを抱えているみなさん、安心してください。
つらいこと、悲しいこと、納得いかないことがたくさん起きている時期は、実は人生の変換期。**自分を変えたい！　人生を変えたい！と思うのは、自分の中にある、人生を激変させるエネルギーが、もうすぐ発揮される準備が整っている、その予感を感じ取っているから**なんです。

人生の奇跡はあらゆる場所で起こります。
むしろ、みなさんが後悔してしまうような出来事や、〝間違ったルート〟と思っているものこそが奇跡のスイッチとなり、のちのちに夢を格段に広げたり、収入を倍々に増やしたりすることにつながっているのです。

## 「あきらめなければ、道は必ず開ける」

ある男性は大学受験にすべて失敗し、ペットの専門学校にいやいや進みました。

進学したものの、彼は自分自身を責め、社会に嫌気がさし、退学を考え悩んでいました。そんなときに「タロット占い」に出会います。

タロット占いをきっかけにして、スピリチュアルの世界にみるみるのめり込み、ある日突然、犬や猫の考えていることがわかるようになったと言います。

そして、今はペットセラピストとして才能を開かせることができました。


私たちの人生は、ちょうど〝あみだくじ〟のようになっています。

この男性のように、「自分の人生はもうおしまい」「失敗だ！」と思ったとしても、自分の人生を生きることをあきらめなければ、道は必ず開けます。

迷って右折して、やっぱりもとに戻りたい、と思ったら、そのまま前へ進んでいく

START!

と、もとに戻れる左折の道が現れます。もとに戻るどころか、その場所から劇的に飛躍できるように設計されているのです。

人生に汚点も間違いもありません。

「失敗したかも……」「あれで人生が狂ってしまった……！」というのはピンチに見せかけた、天界の作戦。

それがきっかけとなって、飛躍するためのスイッチが入るのです。

**間違いや失敗として闇に封じ込めずに、その経験に感謝することで、無難に進むよりもずっと高次元の世界を見せてもらえるようになります。**

なかなかうまくいかない、と思うときは、天界が仕掛けたジャンピング作戦だと捉えましょう。

神様からのメッセージを受け取れるようになると、人生は何もしなくてもおもしろいように夢が叶い、素晴らしい展開をしてくれるようになるのです。

# がんばってもうまくいかないのは当たり前。神様の力を使おう!

## 実は、半分しか力を使えていない!?

「一生懸命やっているのに、自分ばかりが損をする……」

「願いごとが全然叶わない……」

「本当に不公平な世の中……。神様なんて、そもそもいないんじゃないの?」

そう思っている読者のみなさま。もしかして、次のようなことはありませんか?

- ほめられると否定してしまう
- アドバイスをもらっても、「でも」と否定する

・叶えたい夢はあるけれど、自分には大きすぎると思っている
・ものごとのリスク面ばかりが目につく
・無料、限定販売に目がない
・高価なもの、レアなもの、徹夜してでも新商品がほしいと思う
・いいアイデアを思いついても、次の瞬間、「……でもどうせムリ」と思ってしまう
・こわい夢をよく見る
・レストランで食事の写真を撮るのが楽しみ
・つい感情的になって、口論してしまう
・将来はタワーマンションの最上階に住みたい
・今の職場を早く辞めたいと思っている
・人のできないところ、嫌なところが目につく

これらは「がんばっているのに、結果が出にくい人」の共通点。
え〜だめなの?と思うかもしれませんね。
実は、これらは持っている力を半分しか使えていないときの状態なのです。

## 「引き寄せの法則」は、うまくいかなくなってからがチャンス！

「引き寄せの法則」をご存じでしょうか。

引き寄せの法則とは、自分と同じ波動（質）のものが引き寄せられてくるというもの。つまり、ハッピーでいればハッピーな出来事が起き、ネガティブな感情で満たされていると、ネガティブな現象が起きてしまいます。

最近なんだかうまくいかないな、という方もこの「引き寄せの法則」が関係しています。

**引き寄せの法則の最大のポイントは、「ポジティブ思考」です。**

失敗しても、「次が本番！　練習させてくれてありがとう！」と思えたり、雨の日が続いても、日照りよりずっと助かる！と思えたり。

引き寄せの法則をうまく使いこなせると、ずっとほしいと思っていたものが簡単に手に入ったり、仕事がうまくいったり、人間関係が良好になったり、願ってもいない素晴らしいことが叶い始めたり、といいことづくしです。

しかし、引き寄せの法則を意識し始めても、なかなかうまくいかない、という人も多いのです。

はじめはけっこううまくいっていたのに、なかなか結果に現れてこない、思ったものとちがうものが来て困っている……など実感が持てずにいる方も少なくないようです。そして、いったい何がいけないのか、自分のどこが悪いのか、もんもんと苦悩してかえってストレスをためてしまうことも。


**実は引き寄せの法則が途中でうまくいかなくなるのは、驚くなかれ、あなたのそれまでのやり方がうまくいっている証拠なのです！**


運気がステップアップしたため、これまでの方法が使えなくなり、新しい公式を学ぶ進級のときが来たということです！

その新しい公式とは何でしょう。

それが、「神様の力を使え！」ということです。

つまり、今までのがんばりが認められ、神様の力を使う許可が下りたわけです！

そんな「隠れ引き寄せ上級者」のみなさんに、これからは神様とつながり、新しい段階へと進んでいただきたいと思います。

# 目に見えない存在に気づいた瞬間、人生が劇変する！

## すぐそばで見守ってくれていた亡き父

神様の力とは何でしょうか。

神社やパワースポットにはいつもお参りしているけど、それじゃ足りないの？　お参りの仕方がちがうのかな……。日ごろの行いがやっぱり悪いのかな……。そんなふうに不安になってしまうかもしれませんね。

そこでちょっと私の話をいたします。

私がこのスピリチュアル心理カウンセラーの仕事を始めたのは、つい最近のことです。この仕事を始める前は、シングルマザーの派遣社員として収入を得る、未来に不安をいっぱい抱えた人間でした。

ところがちょうどこのころ、まるでタイミングを見計らったかのように風水師の先生と出会います。

今でこそ、風水というと家の間取りやインテリアなどにフォーカスしていますが、もともとはご先祖の守りや、風や水の浄化の力を利用して人生を幸せにする、というスピリチュアル学問でした。その風水師の先生曰く、

**「人生は先祖供養がキメ手。お墓を変えれば、人生は180度変わる」**
**「亡くなった人はお経が大好きだから、墓で読み上げると喜ぶ」**

とのこと。そのころせいぜい星占いくらいしかスピリチュアルに接点のなかった私は、まったくピンときませんでしたが、ある春のお彼岸、言われた通りに亡くなった父の墓前で般若心経を読み上げました。

すると、なぜか急に涙があふれて止まらなくなったのです。さらに、そのとき母が

撮ってくれた私の写真には、とても不思議な光のようなものが写り込んでいました。

私の胸元の部分に、ハート型のオーブ（魂エネルギーによる光の模様）が、まるで私を抱きしめるかのように写り込んでいたのです。

直感的に、「父だ。父はここではない、別の世界で生きている。私と話をしたがっているんだ！」と感じました。そして、その日から、私の右側にぴったりと寄り添う、父の体をはっきりと感じるようになったのです。

それ以来、家賃が払えなくて不安にお

びえているとき、離婚したことを後悔して自分を責めてしまうとき、ネガティブになっているときなどには、〝大丈夫!〟〝そばにいるよ〟という、亡き父の声をはっきり感じるようになりました。

## 思い描いていたイメージが急に叶い始めた!

そして、その日を境に、いろいろな〝スゴイこと〟が、とんとん拍子に起こるようになりました。離婚した心細さや悔しさ、不安から逃れるために思い描いていたイメージ通りのものが現れ始めたのです。

あこがれの外資関係の、おしゃれなオフィスビルでの仕事、シングルマザーにしてはありがたい収入、楽しいパーティーにもたびたび声をかけてもらい、友人関係、人脈も一気に広がっていきました。

その中には、毎年大みそかにクルーザーで年を越す芸能人や、外国の皇室とお付き合いのある人、アラブの王様と一緒に仕事をしている人、アメリカ大統領の妹さんと知り合いの人もいて、自分では絶対に手の届かない世界を垣間見せてもらいました。

霊感も一気に開き、「自分の未来のワンシーン」がたびたび頭に浮かんでくるようになりました。

高級車で子どもふたりと一緒にドライブをしているところ……。

新しいマンションではしゃいでいるところ……。

高級ホテルに宿泊しているところ……。


驚いたことに、そのビジョンが見えてから間もなく、「新しい車を買ったから今使っているのを譲るよ」と言ってくれる人が現れました。

しかも、その人が使っていた車は、私のビジョンで見たものとまったく同じものだったのです。

また、新築マンションの見学に行くと、条件がとんとん拍子に整い、そのとき派遣社員だったにもかかわらず、その物件を購入できることになりました。

そして、ふたりの子どもの進学費用もタイミングよく舞い込んできて、ひとりは大学院まで、もうひとりは留学までさせることができました。もちろん〝運命の人〟にも出会えました。

あまりにも人生がスムーズに進むので、私を知る人からは〃パトロン〃がいると思われていたほどです。

## うまくいくときは見えない力が働いている

こんなふうに、私にやってきた天からの奇跡の贈り物は、さらに加速度をつけて、今も続々と届けられています。いいなあ〜ずるいな〜……と思っているみなさん、いいえ、**これらは今、まさにみなさんが体験する番なのです！**

そこで、奇跡を受け取る基盤づくりをしていきましょう。

まず、頭を過去にワープさせます。

ちょっと思い出してみてください。今までの人生で、不思議な偶然を経験したことはありませんか。

とても気の合う人と出会ったり、命拾いしたり、思わぬ臨時収入があったり、第1志望ではない学校や仕事で魅力的な人に出会ったり……。誰にでもそんな経験があるのではないでしょうか。

しかもこれらの出来事は、みなさんが一生懸命お願いして叶ったわけではありません。実はこれらはすべて、「天の力・神様の力」、見えない存在の力が働いて起きた出来事なのです。

神様にお願いをしなくても、一生懸命意識に刻み込まなくても、人生のより良い選択肢に導く力が自然と働くようになっているのです。

## 幸せの格差は、「天の人脈」を使っているかどうかで決まる!

私たちをより良い選択肢に導く、目に見えない存在って、いったい何でしょう。

まず一番親身に心配して力になってくれるのが、おじいちゃん、おばあちゃん、亡くなった家族です。

また、みなさんは「ハイヤーセルフ」という言葉を聞いたことがあると思います。

高次元の自分、とも言われるハイヤーセルフ。のちにくわしくお話ししますが、ハイヤーセルフも私たちの人生を上昇気流にのせるのに、大変大きな影響力を持っています。

さらに、各神社の神様、天使、仏像、宇宙の生命体など、私たちに、夢を叶えさせ

たい！　大金持ちにさせたい！と思っている〝見えない存在〟は、数えきれないほど周りにひしめいています。

しかし、残念なことに、ただ漫然とすごしていたのでは、カレラの力を2〜3％しか取り入れることができません。

そこで、今みなさんがカレラの存在を知り、アクセスする方法を学んでいくことで百人力のパワーとつながることができるわけです。

**天界が引き寄せ上級者のみなさんに教えたい新しい公式とは、この天とつながる力なのです。**

ご先祖様たちをはじめ、ハイヤーセル

フなど、見えない存在はみなさんを助けようと24時間・365日、〝こうするといいよ〜〟〝あっちにはいかないほうがいいよ〜！〟と常にサポートやアドバイスを投げかけています。

その声を聴ける人と、何も聴くことができない人とでは、受け取る情報の質も量もまったくちがってしまいます。

人生の幸せ格差が現れるのはそのためで、大きな力を発揮できている人、うまくいっている人というのは、ほぼ全員、この見えない存在の〝天の人脈〟とつながりを持っているのです。

今もみなさんの周りには、〝私のアドバイスを聴いて！〟〝大丈夫。ここを抜ければ後はラクだよ！〟などと言い合いながら、ひしめきあっているたくさんのサポート親衛隊がいるのですよ。

そして、あなたの明日の運気を上げようとがんばってくれているのです。

その〝カレラ〟の声を受けとめることを、**「チャネリング」**と言います。

# うまくいっている人ほど、天界と交信している

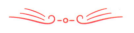

## 神社ですがすがしい気持ちになる、動物に触れてほっとする…

ここまで読んでくださった方の中には、

神様なんて本当にいるの?
チャネリングって特殊な人がやるものなんじゃないの?
そんなことしていたら、周りの人たちが離れていってしまうのでは……。
と、躊躇する気持ちが芽生えた方もいるかもしれません。
大丈夫! 安心してください!

「チャネリング」というスピリチュアル用語にまどわされないように。チャネリングは、まったく怪しいものではないんです。

気がついていないだけで、実はどんな人でも常に「チャネリング」をしているのです。たとえば、こんな経験はありませんか。

・仏壇やお墓参りなどで、突然故人を思い出し、涙が止まらなくなった
・神社に行くと、すがすがしい気持ちになる
・昔のつらいことを思い出すと、涙があふれてくる
・今日はどうしてもコレが食べたい！と譲れないときがある
・パワーストーンを持つと安心する
・動物を見たり、触れたりするとほっとする
・好きなアーティストの歌を聞くと元気が出る
・オーガニック素材の食べ物をおいしいと感じる

一見チャネリングとは無関係に思われる、これらのこと。実はすべて、私たちを助

けようとしている神様や魂たちとつながったときに起きる現象なのです。

**人生がうまくいかないと思っている人は、天界の存在とつながっているにもかかわらず、そのことに気づかずに、その線をぶっつりと切ってしまっているのです。**

一方でうまくいっている人は、つながりを感じたあとのフォローがしっかりできています。

だからこそ、天界とのつながりがますます強くなり、飛び跳ねるように人生を渡っていけるのです。

## チャネリング能力と引き寄せ力は比例する

嬉しいことに、チャネリング能力が上がると、夢を叶える引き寄せ力もグングン磨かれていきます。

**仕事、お金、恋人……ほしいもの、必要なもの、望み通りの人生をゲットする引き寄せ力……それがズバリ、異次元界の人たちと仲良くなることで、手に入れることができるのです！**

みなさんがほしいと思うものは、いくつかの段階、複雑なルート、手段を通って手元にやってきます。

たとえば、1億円の家がほしい場合。

必要なのはあなたが1億円稼ぐだけの才能を開かせることであったり、1億円相当の家が手持ちの100万円の貯金で買えるまでに値下がりするタイミングだったり、誰かが1億円を捨てて、それが拾い主のあなたの権利になるまでの時間やプロセスだったり……。

世界中、宇宙中の歯車がピタッと合うという複雑な計算式のプロセスによって、その夢が叶うタイミングが決まります。

それが、**異次元界の人たち……神様、ご先祖様はもちろん、亡くなった家族、ペット、友人、異星人、天体、自然……それらすべてのものとつながる力を磨くことで、手に入るまでの時間を早めたり、手間が最小限で済んだり、と大きなサポートをもらえるようになっています。**

ある30代の写真家の女性は、チャネリングするようになったところ、あこがれていた職場へ転職が叶い、今では世界中を仕事場にして飛び回っているそう。

チャネリングによって、異次元体の人たちと仲良く親交を深めていくと、自分の人生が、まったくちがう輝きを放つようになるのです。

# チャネリングで人生がパラダイスに！

## 直感は魂からのサイン

私たちの周りには、ピヨピヨと舞って、方向性を示してくれている味方のエネルギー体たちが常にいます。自由に交信できたら勇気百倍、毎日が楽しそうですね。実際にどんな効能があるのでしょう。

**まず、直感がさえるようになります。**

直感を侮るなかれ、直感というのは魂からのサインです。魂の〝こっち！〟はまず間違いがないので、最速最短で人生が無駄なく進みやすくなります。

直感がさえると、自分もお金も無駄な動きがなくなります。

たとえば、直感に任せて打ち合わせスケジュールを決めると、その日にかぎってたまたますいている最適な日、時間、場所が用意され、快適に過ごせます。

混んでいる電車でも、目の前の人がすぐに降りて座れるなど、あなた専用にどんどん道が開けるように動きます。つまり、**自分中心に世界が動くようになる**わけです！

**また、人間関係でも、「この人とはそろそろエネルギー交換の必要性がなくなってきてるな……」と、離れてもいい時期を悟れたり、「この人は運命のヒトだ！」と、目の前のチャンスを逃さない態勢ができたりします。**

人の気持ちがよくわかるようになると、思慮深くなるので、「この人のそばにいたい……」と思われるようになります。

あなた自身が人から心地良いと思われる、「パワーパーソン」になれるのです。

**何よりも、やりたいことが明確になります。**

これがしたい！という強い気持ちがわいてきて、毎日をワクワクして過ごせるようになります。

夢に対して迷いや戸惑い、不安がなくなるため、実現へのアクションを楽しくスムーズに起こしていけるようになるのです。

## 神様たちが最速最短の道をアドバイスしてくれる

チャネリングで見えない存在の人たちからアドバイスをもらう＝見えない水面下の動きを知ることにもなります。すると、**「すべての出来事には必ず意味があって起こっている」**ということに気づけるようになります。

「リストラされて落ち込んでいたけれど、次の職場は素晴らしい人間関係に恵まれた。あのとき辞めたのは、亡くなったおじいちゃんの計らいだったんだ！」

というように。

私たちの歩みとは地上を一歩一歩前に進みますが、天界はちょうどドローンのように、私たちの地上の迷路を上からすべて見渡して、最短最速の道をアドバイスしてくれます。あなたの未来のずっとずっと先まで見据えて、今どうすべきかを的確にチョイスしてくれています。

それが実感できるようになると、ちょっとしたことが起こっても堂々と身構えていられるようになるのです。

不安になりにくくなり、ポジティブでいられる時間が多くなると、天界とのつながりはさらに深くなり、より多くの奇跡を飛び級で手に入れられるようになります。

**自分の本当にしたいこと、自分の才能がはっきりと見えてきて、それをどんどん世にリリースし、収入に変えていく力をもらえます。**

天界は私たちが人生に飽きないよう、ひとつのことがある程度進むと、次のワクワクの仕事や仲間を落としてきてくれ、ひとりの恋人とうまくいかなくなっても、次の恋人を連れてきてくれます。

一生、趣味を仕事として、誰もがうらやむようなライフスタイルリーダーとして、幸せにワクワクしながら、生きられるようにしてくれる。

それが見えない存在の力なのです。

みなさんがこの本を手に取ったのも、その〝カレラ〟の力を受け取って、輝く人生の扉を開き始めている証拠なのです。

CHAPTER
2

# 奇跡を起こす チャネリングとは？

# カレラはあなたが気づくのを待っていた!

## お墓で話しかける行為もチャネリング

「チャネリング」と聞くと人間離れした、普通ではない能力が必要だと思われますが、そうではありません。

私たちは、ちゃんと普段の生活の中で、チャネリング能力を利用しています。

たとえば、お墓参り。**「お墓参りをすると、運気が上がる」というのは、本当です。**

あるフルート奏者の女性は、運気低迷を感じてお墓参りをし始めたら、ドイツの楽団のテストに受かり、まもなくドイツ人と結婚、現地で暮らし始めました。

また、別の看護師の女性は、お墓参りによって、手元にあったブレスレットが外国皇室の由緒ある宝石だとわかり、買ったときのおよそ百倍近い高値で売ることができたそうです。


お墓の前で私たちは亡くなった人に話しかけます。

そう、その「話しかける」という行為こそが、〝チャネルを合わせる（亡くなった方と波動を合わせる）〟チャネリングアクションなのです。

霊界にいるご先祖様、亡くなった近しい家族や友人は、地上の私たちとはまったく異なる質の浄化エネルギーを持っています。**お墓で交流が行われることで、高次の気の浄化を受け、人生が一気に開けていきます。**


お墓だけでなく、神社でもチャネリングは行われています。

お墓が自分の肉親とのチャネリングなら、**神社ではなんと神様とのチャネリングが行われている**わけです。

みなさんが神社に行こう！と思うのは、自分の意志ではありません。

訪れようと思った時点で、すでに神様に〝おいで〟と呼ばれている、相互交信が起こっている状況です。

## 神社にお参りにいくのは、「呼ばれている」から

神社という場所には、神様の波動を持った清らかで高質なエネルギーが集まるようになっています。

神聖な気持ちで鳥居の前に立ったときから、神様はみなさんのほうを向いてよく来たねとほほ笑んでいます。そのときにみなさんがほんの少しでも嬉しい気持ちになるなら、それは**「神波動」**を受け取っている証拠です。

**神社の神様の役割は、訪れる人の気を浄化して、本人の本当の力を引き出すこと。**

私たちには、本来、「莫大な収入につながる才能＝天職」「最高のパートナーとの出会い」「好きなものに囲まれたライフスタイル」というＤＮＡが細胞に刻まれています。それは本当に、すべての人に、です。

人生の中でくじけるような出来事を経験し、自分を信じられなくなってしまっていると、そのＤＮＡは開花しなくなります。そんな自信喪失中の人に、神社の神様は才能を思い出させ、「大丈夫、できるよ！」と背中を押すため、神社へ来させるのです。

こちら側から神様に話しかけることで、チャネリングアクションが開始となります。

神社でお願いごとを伝えて帰って来るだけじゃもったいない。

神様と相互交信をしましょう。

恐れ多いと思うかもしれませんが、よき友、信頼できるカウンセラーだと思って悩みごとを相談してみましょう。

「神様、実はね……」と自分の本心を打ち明けて聞いてもらう。

そのとき頭に思い浮かぶことはすべて神様からのメッセージなのです。

# チャネリング能力を上げると、勝手にお金や力が集まってくる

## チャネラーは天界と地界をとりもつ「通訳者」

**「チャネラー」**と聞いて、思い浮かべるものはなんでしょうか。

タロットカードを鮮やかに操る人。さまざまなスピリットたちと荘厳な表情で交信する人、世界中のパワースポットで浄化のエネルギーを受け取る人、クリアな波動で俗世間とはかけ離れたライフスタイルを送る人……とにかくまったく住む世界のちがう人、というのがかつての私のチャネラーへの見解でした。

今ではスピリチュアリストを生業にしている私も、以前はチャネラーさんと自分の間に線引きをしていたのです。

みなさんもきっと、「興味はある、でも自分にはムリ……」と、線を引いてしまっているでしょう。

チャネリングは英語の【ｃｈａｎｎｅｌ・道筋、経路】からきています。「もともとなかったところに道をつくって通れるようにした道」を意味します。

そして【未知】の意味も持ちます。

「AとBを合わせて、それらをつなげ、流れをつくること」。

テレビのチャンネル、または電車の線路の切り替えと言えばわかりやすいでしょう。

**もともと合っていなかった両者をつなげ、コミュニケーションをとる。その両者をつなげる役割をする人、とくに目に見えない異次元界の想いを地上につなげていく人を「チャネラー」と言います。**

異次元界の人というのは亡くなった人だったり、生きている人の念だったり、異星人だったりとさまざまですが、みなある目的を持ってエネルギーを投げかけてきています。それは……

・愛しい家族に届けてほしい言葉がある
・好きだったの、今でも会いたくてたまらないの……！
・もう少し経てば必ずよくなるからね！

霊界や天界から投げられた、あるときは悲痛な思い、あるときは温かなメッセージは、コミュニケーション方法のちがいから、伝えられるべき人へ伝わらず、宙に浮いた状態になることもしばしば。そうすると、投げかけたほうはさらに苦しさを感じるということも起こります。

そのメッセージを受け取り手渡すことができるのがチャネラー能力です。

スピリチュアルフェアなどで占いブー

スに座っているのは、ほんの一面、チャネラーというのは地上を超えて宇宙をクリアにするとても大事な存在です。

チャネラーの役割は、別の言葉では〝ミディアム〟とも言います。ミディアムとは、天界と地界の中間地点に位置する存在。つまりチャネラーは、天界と地界をとりもつ「通訳者」なわけです。カレラからのリクエストやメッセージを聞きとることで、地界はより良く進んでいくようになります。

## チャネラー気質のある人とは？

では、神様からチャネラーとして選ばれる人とは、どんな人なのでしょうか。天界からミッションを授けられる人たちには共通点があります。
次の共通点は、私が神様から教えていただいたミディアムの方々の特徴です。

□人の笑顔を見るのが好き

□絵画、音楽などアート系が得意
□じっとしていることが苦にならない
□我慢強い
□家族や親戚が多い
□相談するよりも人から相談されることが多い
□黒やネイビー、青系の服が多い
□甘党
□ボランティアに興味がある
□困っている人を見捨てられない
□断るのが下手で人に振り回されやすい
□人前で話すのは緊張する
□お酒はあまり飲めない弱いほう
□アイデアが次々とあふれてくるときがある
□太りやすい
□落ち込むとどこまでも下に向かって穴を掘ってしまう

□傷つきやすく、いつまでも忘れられない
□親のような人にはならないと決めている
□旅行が好き
□やらないで後悔するくらいなら実行に移すタイプ

いかがですか？　たくさんチェックがついたのではないでしょうか。

## 持ちものすべてが輝き出し、若返っていく

チャネラー能力が開いてくると、耳に詰まっていたプールの水がポン！と抜けたときのすっきり感、自分の頭の周りに何も邪魔するものがない解放感を感じます。ものの持つ良さを、そのままストレートに受けとめられる気持ち良さが出てきます。チャネリングができるようになると、すべての服やものが輝き出します。

１００円均一の商品でも、「それどこで買ったの？　ステキ！」とほめられるのは、オーラの輝きが持ちものすべてを輝かせるから。高価なものに固執する必要がなくなります。

また、太陽の光だけで幸せを感じられるようになったりと、**無駄なことにお金やエネルギーが分散されなくなり、本当に重要なことにお金や力が集まってくるようになります。だから、願ったこと、ちょっとハードルが高いかなと躊躇していたことが、がぜん叶いやすくなるのです。**

実際、カウンセリングに来られたお客様は会うたび肌がつるつるプルプル、みなさんすっきりやせて、若返りの薬でも飲んだのかと思うほど美しくなります。化粧ノリが良くなるので高価なメイク用品で盛る必要もなく、肌ケアもほとんどしていなくてよくなったとのこと。

夢実現に関しても、カウンセラーやネイリスト、絵本作家など、人からうらやましがられるような充実したライフスタイルを、次々に実現されています。

みなさんも、〝私はスピリチュアルの世界のことを、もっともっと知りたい！〟という純粋な気持ちを大切にすることで、このような引き寄せ力を磨いていくことが簡単にできるようになります。異次元界の人たちの力をたくさんもらって、引き寄せ王者になる方法を、たっぷり説明していきますのでお楽しみに！

# シンクロニシティは「異次元体」からのメッセージ

## すべて「わざと」「あえて」起こされている

こんな経験はありませんか。

・まさかの場所で、知り合いにばったり会った
・お店側がミスをしたおかげで、料理をサービスしてもらえた
・買い物に行ったら、ちょうどほしいと思っていたものが値引きされていた
・友だちや家族と会話中、同時に同じセリフが出てきた
・イベント当日、雨の予報が晴れた

・いただきものをしたら、ちょうど食べたいと思っていたものだった
・気になるほうへ進んだら神社が出てきた
・待ち時間にぶらぶらしていたら、ほしいものに出会えた
・テレビの番組を何気なく回していたらほしい情報がゲットできた
・混んだ電車でも座れた
・電車で居眠り、でも降りる駅に着いたら目が覚めた

いかがでしょうか。日常のちょっとした偶然……実はこれらすべて、異次元体の制御によって、「わざと」「あえて」起こされていることばかりなのです。

異次元体は常にあなたの心や、周りの人の心に念力を送って、最適な状況をつくってくれています。**その目的はみなさんを喜ばせること。**

嬉しい偶然が起きれば、みなさんは、ラッキー!と喜んだり、「ねぇ聞いて!」と誰かに話したくなるような、ワクワクする気持ちでいっぱいになりますよね。

**そしてもうひとつ重要な目的は、〝あなたには天の力がついている、だから心配し**

**ない**で〟**と安心させること**です。
「なんだかわからないけどラッキー！」という嬉しい偶然を、「**シンクロニシティ（シンクロ）**」（意味のある偶然の一致）と呼びます。

## 悲しい出来事も「天界の調整」

シンクロはポジティブなことばかりではありません。
こんな経験はありませんか。

・通販サイトに申し込もうとしたら携帯の電池が切れてできなかった
・コンビニで、ほしいと思っていた飲みものが売り切れだった

・レストランでデザートをオーダーしようと店員さんを呼んだのに、誰も来てくれない
・カードローンの審査が下りなかった
・ごはんのおかわりをしようとしたらお箸が落ちた
・カフェで、良くない席に通された
・出先で会いたくない人に会ってしまった
・限定発売の商品の抽選にはずれた

これらの一見、ついてない……！と思う〝ネガティブなシンクロ〟も、実は異次元体たちの力で起こされています。

「えーっ！　いったい何のために困らせるようなことをするの？」と思ってしまいますよね。

**ネガティブなシンクロは、疲れていたり、欲望に走ってしまっていたりと制御機能が利かなくなっているときに、〝そんなの買わなくていいよ！〟〝それ以上食べる必要ないよ！〟〝勇気を持って仲直りしてごらん〟という天界からのメッセージなのです。**

異次元体たちは、ネガティブなシンクロを起こすことで、

- 時間の調整
- 臓器のコンディション調整
- 対人関係の調整
- 経済的調整

など、人生の調整をしてくれています。

けれども、嫌だなぁと思うような出来事があると、ほとんどの場合、自分のミス、不運、もしくは相手の傲慢、というネガティブな感情で終わってしまいますよね。

**これらの〝不運〟が、実は意図を持って起こされているサインと知ることで、時間、体、人間関係、お金にかけられた異次元からの力を、何百倍にもして、受け取ることができるようになる**のです。

## 神様、ハイヤーセルフ、天使…正しい方向に導いてくれる存在たち

### チャネリング能力を磨くと、いろいろなものにつながれる！

シンクロを起こして、私たちを幸せに、成功に導いてくれるエネルギー体（または異次元体）とはどんな存在なのでしょうか。

これまでお話ししてきた通り、チャネリングによってつながるのは、神様やハイヤーセルフ、亡くなった方などさまざまです。

チャネリング能力を高めていけば、多くのエネルギー体とつながることができ、正しい方向により早く導かれていきます。

チャネリングによってつながれるのは次のようなものです。

**① ご先祖様、亡くなった家族、ペット**

寿命を迎え、体が亡くなると霊界へ行きます。ここにご先祖様、おじいちゃんやおばあちゃんなどがいます。自分の子孫を幸せに導きます。

**② 神様**

霊界で地上の子孫などを助ける修行を積んで、霊的成長を認められると、過ごした国や世界を守る神様として抜擢されます。神様は、世界、宇宙などの動向を見極めながら、自国全体、地球全体を成長と幸せへ導く役割を持ちます。

**③ 指導霊**

自分の道を見誤らないよう、ひとりにひとり、指導霊がつけられます。生前、スピリチュアルの道で目覚ましい霊的成長をした人が神様から任ぜられます。先生のようなものなので、私たちの成長にともなって替わっていきます。

## ④ ハイヤーセルフ

一生をすべて終えたあとの〝あなた自身〟です。

人生の優秀な保護者として、誰にでも必ずひとり付き添っています。

一生を俯瞰し、すべての情報をタイムリーに招集し、あなたを最高の出来事、最高の未来へ連れていくために常に尽力してくれています。

## ⑤ 過去生

過去生で果たせなかった出来事、失敗したこと、あこがれていたこと、それらのリベンジをするのが今生です。過去生で悔しい思いをした記憶が潜在意識下でうずき、今生やるべきことを欲求や夢として指示を出します。

また、心の傷ややさしさなどの性格も、過去生から受け継がれています。

## ⑥ 核星《かくぼし》

この地上に生まれる前は、「宇宙の星」としてエネルギーを発していました。核星が肉体に入ることで、（ちょうど電池で動くロボットのように）肉体が活動できる状態になっています。核星はもといた銀河によって性格がちがいます。今生の基本性格はこの核星によります。

①～③は魂の進む道を整えたり、もっといいルートに導いたり、進路を妨げる邪気の浄化などを担っています。④～⑥は私たちを輝く未来へ向かって一直線に牽引するもので、これらが魂（ソウル）と言われているものを構成しています。

## 過去の自分、未来の自分も強力な助っ人

①、②、③のほかにも私たちの血迷いを正そうとする存在があります。
次は私がよくヘルプをお願いする方たちです。

### ⑦ 天使、大天使、女神、菩薩

これらは、イエス、ブッダ、マリアなど、主に生前に地上の霊的成長に携わった聖人のスピリットが担っているものも多くあります。これらのエネルギー体は、神様と地上の私たちとの間に存在し、良いエネルギーをつなげる役割をしています。

## ⑧ 出身銀河の友

核星だったときの銀河の同僚たちが、私たちの疲れを取ってくれたりするなど、とくに肉体の浄化に力を貸してくれます。

## ⑨ 太陽、月、雲、雨、石、土、風、木…など自然界のもの

自然界の中でも、とくに浄化を進めて古いエネルギーを落として新しいエネルギーをチャージしてくれるものたちです。

## ⑩ 過去の自分、未来の自分

それぞれ過去の次元、未来の次元に存在しています。今まで生きてこられたのは過去の自分のがんばりのおかげ、そのがんばりを継続している未来の自分、どちらも大変頼りになる助っ人です。

「上手にアドバイスを受け取れるかな……」と心配しなくても大丈夫。あなたを守っている天界メンバーのラインナップを知るだけで、パワーを受け取る力が倍増します。

# 運気を下げようとする異次元体もいる

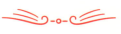

## 「まぁ、いいか」「誰にも迷惑かけてないし」は危険信号

幸せにしてくれる異次元体が存在する一方で、私たちを邪魔する異次元体が存在するのも事実です。

こんなことはありませんか。

- 感情的になって、つい怒鳴ってしまう
- 会社やホテルなどの備品を持ち帰って私物化してしまう
- 約束や仕事の締め切りを守るのがおっくう

・人混みでぶつかってきた人をにらみ返してやった
・無料のものを際限なくもらってきてしまう
・仕事中についついプライベートなメールの返信
・充電は家ではなく外でするのがお得
・ネット通販でついつい爆買い
・死にたい気持ちに襲われるときがある
・ネットに誰かの悪口を書き込むと気持ちがスッとする
・同じような服をまた買ってしまった
・使っていないブランド品が山ほどある
・お酒やギャンブル、やめたいけれどやめられない

いかがでしょうか。

これらはいずれもちょっとした、〝まあ、いいか！〟〝誰にも迷惑かけてないしね〟という、大多数の人にとって当たり前のこと。でも、実は**みなさんの運気を下げようと張り切っている異次元体によって起こされている**のです。そしてこれらの「まぁ、

いいか」をスルーしてしまう間は、なかなか運気が上がらないのです。

それでは、いったいどんな異次元体が影響しているのでしょう。

それは、次のようなものです。

・未練をたくさん残して亡くなった人の霊
・苦しみや憎しみを抱えて亡くなった人の霊
・あなたに片思いしている誰かの生霊
・土地や建物に居座っている地縛霊
・苦しみを忘れ切れていない過去の自分
・人生や社会に絶望している核星

驚くことに、他人の浮遊霊や生霊だけでなく、「過去の自分自身」や「核星の苦しみ」も私たちの運気が上がるのを邪魔する一面を持っているのです。

## 悪いエネルギーから守ってくれる味方の異次元体

「まぁ、いいか！」をスルーしてしまう大きな理由のひとつは、この〝足を引っ張る異次元体〟に乗りかかられているから。私たちを幸せへの道へと誘うたくさんの異次元体がいる一方で、足を引っ張る異次元体もけっこういるわけです。

これらの存在を知ること、そして良いエネルギー体とつながることで、悪い異次元体の影響を最小限にしていくことができるのです。

味方になってくれる異次元体は、何が起こるかわからないカオス状態の私たちの人生を、よりスムーズに進めるための羅針盤の役割をします。

地上を歩く私たちの人生を、魂はドローンのように上から見下ろし、オアシスがある場所、行き止まりの場所、苦しみの霊たちに足を引っ張られないよう、指示してくれています。

**魂の声に耳を澄ます習慣があれば、たとえはっきりした未来図が見えなくても、今何が必要か、どっちへ行ったらいいかなど大切な本質をカンで予知することができる**

のです。

また、たとえ道を誤ってしまったとしても、被害が最小限で抑えられるようにしてくれます。

詐欺や犯罪に遭いにくくなったり、付き合った人がストーカーに豹変したりすることもなくなります。千載一遇のチャンスを見逃すこともなく、それどころかラッキーな出来事が勝手にやってくるようになります。

人生の悩みは円満に解決し、必要な人、必要な場所、必要な資金、必要な情報がまるで魔法のようにスムーズに現れるようになります。

**私たちの人生は、味方となってくれる見えない存在の力を、いかに受け取れるかによって変わってくる、と言っても過言ではありません。**

チャネリングというのは、そんな味方の異次元体と密接につながる技です。

それによって、味方の異次元体による邪魔する異次元体をやっつけてくれる力も何倍にもなります。

# 宇宙エネルギーによって、あきらめていた願いも叶い出す！

## チャネリングは人生を有利に進めてくれる

味方のエネルギー体とつながるチャネリングを知ることで、大きな夢を叶えるパワー、「引き寄せ力」も高めることができます。

これらの味方エネルギー体とつながることが、周りの人たちがあっと驚くような、誰よりも人生を有利に進めていく大きなアドバンテージとなるのです。

**チャネリングを知ることとは、最新機能のナビゲーションシステムが搭載されている車に乗っていることと同じです。必要のないものに執着したり、間違った夢に向かっ**

**ていったりという寄り道や堂々巡りの時間、かかる費用、エネルギー、夢を遠ざける焦りや不安、恐れ、疲れなどのエネルギー浪費も激減します。**

チャネリングによって、たくさんの目に見えない存在たちの連携がスムーズになればなるほど、スルスルと願いが叶っていくのです、

実は、**引き寄せのしくみとチャネリングのしくみは同じ**なのです。

さらにすごいことに、味方の魂につながるということは、清いエネルギーとつながることになります。

知らず知らずのうちにため込んでいた古いエネルギーは浄化され、栄養たっぷりのエネルギーが流れ込んできます。

この清く栄養豊富な宇宙エネルギーは、みなさんに、叶えたい夢を次々と思い出させ、そのための潜在能力を引き出す働きをします。思った以上の出来事が訪れ、あきらめていたことまで叶い出すようになります。

脳が活性化するので仕事での作業効率や質も上がり、時間やお金、良い人間関係がどんどん回りだすようになります。

体の不調も回復し、大きな病気になる前の段階で気づけるようになったり、回復が早くなったりします。

**エネルギーがあふれ始めると、嬉しいことに周りにも波及し始め、家族や恋人、友人などの運気も上がっていきます。**

みなさんはパワーをくれる神の存在とあがめられることでしょう。

チャネリングの知識を得ることは、すなわち、「引き寄せマスター」になることでもあるのです。

## 私たちはみな「振動」している

さて、それではいったいどうしたらそんな魔法の味方エネルギー体と仲良くなることができるのでしょうか。

それをお話しするためにまず波動について説明していきましょう。


**「ありがとう水《すい》」**という話を聞いたことがありますか。

ペットボトルに「ありがとう」とマジックで書いて一晩おくと、水がおいしく甘くなっているという話です。

まさか、そんなことありえない！と信じられないかもしれませんが、試しにやってみると本当に甘くなっているのがわかると思います。

なぜそんなことが起こるのでしょうか。

それは物質が持つ、〃波動〃に秘密があります。


突きつめていくと、私たちの細胞はみな小さな物質でできています。

私たち、動物、植物、ビル、あらゆるすべてのものは、とてもとても小さな粒の集まりでできています。

そのひとつひとつの粒というのはみな振動して、常に動いています。

振動数にはゆっくりなものから、とびぬけて俊敏な動きをするものまでさまざま。この振動を**「波動」**と呼んでいます。

ものも人もすべて独自の波動を持っています。

ゆっくりした癒しの波動を持つ人もいれば、行動力のある活動的な波動を持つ人もいます。波動は指紋と同じで、一人ひとりまったくちがいます。波動に良い、悪いはなく、同じような波動同士が馴染み合い、グループをつくっていくようになっていきます。

波動を持つのは言葉も同じです。「ありがとう」という言葉は、素晴らしい癒しの波動を持っていて、それが水に伝わり浄化し、おいしい水ができあがるわけです。

さらに波動はこんなことも起こします。

みなさんは、**〝虫の知らせ〟**を感じたことがあるでしょうか。

離れて暮らす親のことが急に心配になって電話をしたら、親が体調を崩していた。朝、同僚のことが思い浮かんだと思ったら仕事を休んでいた……。これは親や同僚が出したSOSの気持ちの振動が、波動となってあなたに届いたから起こることです。

「壁に耳あり障子に目あり」「噂をすれば影」。これは、その噂の人がかなりの至近距離にいて、その波動を無意識に受け取ったために、噂話が出てくるということです。友だちのことが気になったらラインが来ていた、とくに怪しい出来事はないのに、ふと恋人が浮気しているんじゃないかと思う、家族の誰かが落ち込んでいると家族全員しょんぼりしてしまう、など、私たちは目に見えない波動を知らない間に受けて日々生活しているのです。

## 波動の高低を決めるのは、「気持ち」

波動は良い影響を与えるものだけではありません。

目の前にいる人がとても苦手、興味のない会合……。そんなとき、表情に出さないよう、どんなに笑顔で接していても、〝嫌だなぁ……早く帰りたいなぁ……〟という意識が振動をつくり、波動となって相手に伝わります。

そうするとマイナスのエネルギーが働き始めるため、いさかいが起こりやすくなったりと、場の雰囲気に影響していきます。

場の気は、相続争いや、病気、企業の利益低下など、金運、健康運にも大きく影響します。

反対に好きだなと思っている気持ちも、いくら上手に取り繕ったつもりでも、なぜか相手に伝わります。**考えたことがどんなに一瞬のことであっても、それはそのまま振動をつくり、電波のように一直線に飛んでいきます。**

波動は人から発信されるだけではなく、その場、ものなど、あらゆるものから発信されます。

5つ星ホテルは、調度品などの選び方や、営む人たちの誇りの高さ、訪れる人の喜びなどが合わさり、とても気が高いと感じる場所になっています。

ディズニーリゾートが楽しいのは、より良いホスピタリティを心がけるスタッフの気持ちや、楽しい！と思うお客様の気持ちが凝縮し、かけ合わされて高い波動をつくっているからです。

波動の高い場所には未成仏霊などは極めて近寄りにくくなります。

反対に、放置された廃屋やごみ捨て場などには、未成仏霊などのどこにも行き場のない重いエネルギー体が集まります。

とすれば、奇跡を起こすためには、高級住宅地に住むことが必要なのでしょうか。ブランドもののような価格の高いものを身に着ければ悪い霊は寄ってこないのでしょうか。家の掃除をこまめにしておけばいいのでしょうか。

いいえ、そうではありません。

波動の高低を決めるのは「気持ち」です。

**嬉しい！　楽しい！　安心！　大好き！の気持ちが、その人やもの、場所に宿り、足を引っ張るエネルギーを跳ね飛ばす**のです。

みなさんが〝これがとても好き！〟〝ここに来ると癒される〜〟〝これが枕元にあると安眠できる〟と思いをこめた場所やものは、どんなに散らかっていても古くても安価でも、高い波動を持ち、悪いエネルギーを寄せつけなくなります。

**引き寄せの法則にポジティブな思考や行動がマストなのは、「安心」「嬉しい」「よかった！」という気持ちが、奇跡を起こす天界など異次元界の力を受けとめる基礎となるから**です。

# 天界とのつながりを強化する3つのコツ

## 波動が低いと、悪いエネルギー体にコントロールされやすくなる

異次元体たちは、良いエネルギー体でも悪いエネルギー体でも、「波動」という振動を使って交信してきます。

たとえば、先祖のおじいちゃんが、〝今日のラッキーフードはナポリタンじゃ〟と伝えるとき、おじいちゃんはナポリタンを表す振動をあなたの脳にかけてきます。

脳に来たナポリタンの振動は、ビジョンや言葉になって脳裏に浮かび、「なんか今日はナポリタンが気になる……」という意識をつくります。

さらにあなたのおじいちゃんは、決定打として、テレビを見たくなる波動をあなた

に送り、グルメ番組を見せようと絶妙なタイミングでテレビをつけさせます。

おいしいナポリタンのお店の紹介を見て、「やっぱり、今日はナポリタンだ!」となります。


同様に、あなたを困らせよう、失敗させようと仕組んでくる悪いエネルギー体も、悪の振動であなたを揺らします。

このときにあなたの持つ振動、つまり波動が悪の振動と共振してしまうような鈍いものだと、簡単に悪魔にコントロールされてしまいます。

規則やルールに疎くなったり、人を傷つけるようなことを口にしても気づかなかったり……と、悪魔はあなたを孤立させようとします。


さらに波動にはボーダーがありません。

つまり、何万光年離れていても、決して途中で消滅することなく確実に相手に伝わるようになっています。

生命エネルギーに満ち満ちた太陽、月、星などの浄化エネルギーも、波動(振動)

で届きます（宇宙からの波動はとくに体や心の病によく効きます！）。

ボーダーレスで届く波動、つまり私たちを幸せに導くエネルギー体とのつながりは、どんな人でも例外なく持てるようになっていますが、同時に足を引っ張る悪いエネルギーも届いてしまうわけです。

**悪いエネルギー体とのつながりを断ち切るバリアをつくるためには、普段から自分の思考や行動を整えておくことがとても重要**になってくるのです。

## 「美しいオーラ」「結界」「天界への感謝」

良いエネルギー体とつながり、恩恵を受けるためにはどうしたらいいのでしょうか。

私が普段行っている神様から教えてもらった、天界とつながり、悪のエネルギーを断ち切るチャネリングの3つのコツをお伝えします。

### ① 美しいオーラを意識する

私たち、場所、もの、すべてが波動を持っているように、神、天使、悪魔、鬼、霊などもそれぞれの波動を持っています。

自分の波動を常に天界レベルに合わせることを意識することで、助けてくれる神様やご先祖様、魂とつながり、大事なことを誰よりも早く的確に教えてもらえるようになります。


波動を天界レベルに合わせるにはどうしたらいいのでしょうか。

それは日ごろから、**〝高い波動〟を意識する**ことです。

高い波動をつくる思考や行動、鈍い波動をつくる思考や行動、それは〝あの人にまた会いたい！〟〝あの人といるとなんだか楽しい！〟〝悩みがあるから相談したい〟と思われる人になること。

「え〜そんなのムリ〜！」と思う方、心配しないで！

高い波動をつくる思考や行動とは**「ポジティブ」「明るい」「笑顔」**の波動なのです。

これらのうち、どれかひとつを1日1回心がけてください。

それだけであなたの細胞の振動が速くなり、高い波動を放つようになります。それらを日々意識していると自然に天使や神が周りに集まるようになり、あなたがいないと寂しい……とみんなが思う、高波動の美しいオーラができあがるようになります。

## ②　悪魔と縁を切る結界をつくる

同時に悪魔とも縁を切っていきましょう。

**悪魔に好かれるような、鈍い波動をつくる行動とはなんでしょう。**

**それは怒り、否定、意地悪、非難、イヤミ、相手のダメなところを指摘する、ズルやルール違反を平気ですること。**

鈍い波動の人たちは大変重く鈍い波動を放っています。

また、鈍い波動の人たちがそばにいるだけでイライラしたり、恐怖心を感じたり、なぜか失敗が多くなったり、ということが起こってしまいます。

## ③　天界の人たちへ感謝を忘れない

３つ目は見えない人たちへの感謝の気持ちを忘れない、です。

今ゆっくり眠れる家があるのも、おいしいごはんがなんとか食べられているのも、すべて見えない人たちの導きがあったから……と思うこと。

天界の人たちはとても純粋。自分のしたことを喜んでもらえると、それだけで〝明日はもっとすごい奇跡を起こして驚かせちゃおう！〃と張り切ります。

**私たちがそれらのシンクロに気づけないまま、〃成功は自分の実力〃なんて高飛車でいると、天界の人たちはがっかりしてしまう**のです。

見えない人たちへの感謝は、応援エネルギーを増大させ、受け取るパイプも太くクリアにしていきます。

**夜、布団に入ったら、「おじいちゃん、おばあちゃん、神様。今日も本当にありがとうございました」と、ひと言伝える習慣をつけましょう。**

これら3つのことが、良い異次元体との交信を受け取る基礎となります。

天界の人たちはいつも明るい光の存在でいる人が大好き。これらのことを意識できると天界とのつながりが強固になり、さらグングンと超上昇スパイラルに乗せてもらえるようになります。

活躍をしている人たち、成功を収め持続させている人たちというのは、これらのパワーを上手に使えています。

そういう方たちも、〃チャネリング〃しているという意識はなく、見えない導きの

## 天界とつながり、悪のエネルギーを断ち切るチャネリング

① 美しいオーラを意識する

② 悪魔と縁を切る結界をつくる

③ 天界の人たちへの感謝を忘れない

力をなんとなく感じている、というくらいの方がほとんどでしょう。

ですから、そのつながりに意識的にアクセスしていくこと……チャネリングしていくことで、つながる力は強力になり、確実に成功への近道となります。

## 自分を安心させることが何よりも大事

自分を成功や幸せに導く異次元体とつながるためには、**周りに翻弄されずできるだけ安定した波動がマスト**です。

雪が舞うスノードームをイメージしてみてください。

パニックになっているとき、怒りや悲しみが止まらないとき、というのはドームを逆さにして雪が舞い踊っている状態。

この雪が底に沈み、ドーム内がクリアになったとき、つまり心のちりが落ち着き平静を取り戻すときに、天界や魂からの情報はしっかりと届けられるようになっています。瞑想はこのスノードームを落ち着かせるアクションです。

ツキを呼ぶためには、どうしてもこの「波動を整える」という技が必要です。

パニックになっていたり、怒りで体が震えていたりする間は波動が乱れ、導きや高次の力とつながれません。

**いつもスイスイと笑顔で進んでいく人は、ピンチのときに心を落ち着けることが上手にできる人、自分の感情の手綱をしっかりと持ち感情を抑制できる人です。**

とくに自分を安心させること……つまりピンチをポジティブに捉えることが上手になると、助けてくれる神の力を余すことなく受け取ることができるようになるのです。

# 「信じる」ことがすべてのスタート。人生が好転し始める！

## 過去生でも神様とのつながりを持っていた

私たちはみな、いたってシンプルな方法で、無料で、難しい手間をかけずとも、幸せに輝くゴールへの道を開いていくことができるようになっています。天界の存在と手を取れたなら、難しい方法やお金や時間のかかる方法をとらなくていいのです。

しかし、見えない世界との交信、そんな簡単にできるのかな……と不安に思っている方もいらっしゃるでしょう。

それを説明するために、今この本をお読みになっている読者のみなさんの**「過去生」**についてお話しします。

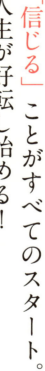

みなさんは今、自分の未来には明るいものが待っていると、なんとなく思っている方たちばかりです。実は、それは潜在意識、つまり過去生のあなたが送ってきているシグナルをキャッチできているからです。

どんな過去生かというと、潜在能力の力を使っていた、信じていた、宇宙の力を受けとめ降ろしていたスピリチュアルな過去生です。

たとえば、神父さんだった、修道院に入っていた、お寺の僧侶だった、占い師だったなどスピリチュアルな仕事をしていた過去生です。

インドや中東に強く惹かれるなどの場合は、イエス様やブッダ様の過去生を持っている可能性もあります。弟子として仕えていたという人、もっと師匠みたいになりたい、自分を磨きたい、来世こそはと霊的成長を願って生まれてきている人、ハワイが大好き！という方なら、大自然の中で宇宙と交信していたのでしょう。

つまり、みなさんは実は前世で神様たちとつながり、その存在を確信できていた経験者なのです！

だからこそ、波動の説明が腑に落ちやすかったり、納得できたりと理解も速くなります。

前世で神様とのつながりを持っていた人は、現世においてもこの世を照らすライトワーカーとしてのミッションを持っています。経験豊富で力のある魂が指導霊としてついていています。きっとすぐに、チャネリングの才能を磨き上げていくことができるでしょう。

## 「疑う」ことは、極めて波動が低くなる行為

ところで、「チャネリングの方法がそんなにシンプルだったら、誰にでもできてしまうのでは？」「みんなが幸せを感じられないのはどうしてなの？」と疑問が出てくる方もいるかもしれません。

理由は主にふたつあります。

ひとつは、霊的成長は全員同時に起こすことができないため、スピリチュアルに興味を持ち始める時期がずれている、導かれる情報が入る時期がみなちがって設定され

ていること。

もうひとつは、この方法をキャッチできるのは、天界から許可をもらえた人、つまりある一定の霊的成長が認められた人限定だからです。

また、同じように本を読んでも、メキメキと力が発揮される人と、そうでない人にも分かれてきます。せっかくの天界からの情報、自分の力を最大限に発揮して、人生のアドバンテージを得たいものですよね。

チャネリングや引き寄せ力の許可のために、設定されているひとつのラインがあります。それが「信じること」。

「信じること」がある程度上手にできるようになった人にのみ、チャネリング能力や引き寄せ力が与えられるのです。

なぜ、「信じること」が必要なのでしょうか。

それは、人を信じる、自分を信じる、すべて良くなると信じることではじめて、物事や人が好転するようになっているからです。

一方で、「疑う」というのは、極めて波動が低い行為です。

異次元界の見えない人からのメッセージは、その存在を疑っている間は正確にキャッチできないことが多くあります。

スピリチュアルのプロであっても自分の能力を疑うことで、足を引っ張るエネルギー体に混乱させられることもあります。

「信じる」ことは大変難しい分、とても尊い行為で、みなさんの波動を劇的に上げてくれます。

**信じる者は救われる。できると思った人ができるようになる。**

信じる気持ちを意識することで、さらに神様とのつながりが強固になり、引き寄せ力も磨かれていきます。

CHAPTER
3

# 見えない存在からのパワーを受け取る

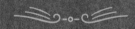

# 幸せに導いてくれる異次元の世界からのサインとは？

## 絶対にわかる方法で投げかけてくれる

これまで、異次元の世界や見えない存在についてお話ししてきました。

みなさんの魂がほぐされ、いま心が宇宙と大きくつながり始めています。

さあ、準備は整いました。みなさんをもっともっと助けたい、とうずうずしている異次元体たちと、さっそくつながっていきましょう！


私たちを成功や幸せに導く異次元の見えない存在たちは、私たちのすぐそばで常に待機しています。はじめに、そのサインとなる声の聴き方を見ていきましょう。

人間や動物は、目、耳、におい、味、触感など五感を通じて、さまざまなことを認識し、声、言語、ジェスチャー、表情などでコミュニケーションをとりますが、異次元体は体が見えない（見えないほどの細かい粒子でできている）ため、それらを使ったコミュニケーションができません。したがって、異次元体たちと私たちのコミュニケーションは、一般的なコミュニケーションとは異なった手法で行われます。

カレラは、私たちを適切に導くために、脳に〝波動〟を送ってきます。

たとえば、カレラが「今日のラッキーアイテムは、ピンク色のブラウスだよ！」と伝えたいとき、私たちに「ピンク色のブラウス」という波動を投げかけてきます。

それが私たちの脳でキャッチされると、「ピンク色のブラウス」というイメージや言葉に変換されます。私たちは、なぜかその服を選んでしまうようになります。

異次元体の投げかけてきた情報は私たちの五感、イメージ、言葉に変換され、行動に移されていきます。

いずれもあなたが絶対にわかる方法で投げかけられます。

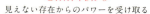

日常はもちろんのこと、うまくいっていないときこそ、自然や動植物、偶然聞こえてきた音楽、数字など、普段意識しないものに、心を馳せてみましょう。

それらは天界からあなたへの大事なメッセージです。

どんなサインがあるのか、そのサインの意味を具体的に見ていきましょう。

## 温かい日差し、龍の雲…自然を通じたサイン

少し行きづまっているとき、人には言えない悩みを抱えて孤独を感じているときなど、天界は自然を通してメッセージを送ってきます。

・**太陽**…考えごとをしていたら急に日が差してきた、出かけるときに晴れた、というときは〝その通り！　順調だよ！〟という神様からの応援です。

・**光**…きれいな光が見えた、窓からテーブルにきれいな光が落ちていた、雲間から地上に差す光が美しかった、部屋が急に明るくなったなど、光に気づくときはエネルギーが満たされ、運気がアップしているときです。

・**影**…自分の影がふと見えた、気になった、というときは、心の整理をしてみようというお知らせです。

・**雲**…変わった形の雲、龍に見える雲、飛行機雲など、ふと見上げた空に気になる雲が見えたら、神様からの導きが順調に行われているサインです。

・**風**…風は邪気祓いをしてくれるもの。向かい風のときは成功への階段を上っているとき、追い風のときは神様たちの力をもらっているとき、いずれも運気アップのときです。

**・雨…**雨は古いエネルギーを浄化してくれる神アイテム。出かけるときに雨なら、劇的進化が起こります。

**・雷…**雷の光や音によって、足を引っ張る古いエネルギーを落としてくれています。

**・月…**ストレス細胞に働きかけ、強い癒やしや良い眠りをもらえます。月が見えたら、今までのがんばりが天界に認めてもらえているということです。

## 鳥、花、へび…動植物を通じたサイン

見ると嬉しくなるもの、嬉しくなる音、また、ギョッとするものを通して、わかりやすいメッセージが来ます。

**・鳥…**鳥は幸せの神様。鳥を見たり、さえずりを聞いたときは、運気が上がっているとき。亡くなった人を乗せて現れることもよくあります。

・**スズメ…**毎朝さえずることで、一日邪気がつきにくい結界を張ってくれます。

・**カラス…**カラスの声を聴くときは、ため込んでいる古いエネルギーを吸い取ってもらっているときです。

・**テントウムシ、とんぼ、蝶、カメムシなど…**〝順調だよ！〟のサインです。

・**花…**道端や花屋など、花を見ることで浄化が起こり、ステップアップします。花をいただくときは、次の大きな扉が開いたときです。

・**蛙…**蛙は変革・進化の神様の使い。蛙を見たら現在の状況が良いほうに変わっているお知らせです。

・**へび…**へびは健康運の進化を知らせるお使い。人生に大きな変革が起こります。病気が快方へ向かいます。

・**蜘蛛…**蜘蛛は心の浄化を促す神のお使い。部屋の掃除をすると運気アップ。

・**自分の苦手な虫…**疲れているから、テレビやネットを見るのをやめて、早く寝なさい、というご先祖様からのメッセージです。

蛙、へび、蜘蛛などの苦手なものは、実物以外にテレビ、夢、似たようなものを見かけた、文字を見たなど、さまざまな形で現れます。

**苦手なものが現れるときは、運気のシフトチェンジのとき、人間関係などが入り乱れるときでもあります。慎重に進むのが吉というメッセージを持ってやってきます。**

そのほか、音を通じたサインもあります。

・**鈴、ベル、鐘の音、ピンポーン（正解の音）**…きれいな澄んだ鈴の音などは、邪気払いをしてくれている合図。本来の能力を引き出してくれます。

・**神社での音…**神社で聞く音はすべて神音《しんね》、手水舎《ちょうずや》の水音、ご祈祷の太鼓、お賽銭の音など、訪れる人に神々による浄化が起こっています。

## いつも眠い、手がピリピリ…身体感覚に現れるサイン

体は魂の乗り物です。恐怖体験など、負の感情エネルギーがたまりすぎたときに、体調不良、病気として現れます。

天界は体の痛みを通してエネルギー補給の時期を教えてきます。

つまり、**体調を崩すのは、天界と強くつながっているとき、デトックスで運気が劇的に変化するとき**です。

次のようなメッセージを感謝して受け取ることで回復が早くなるでしょう。

・**眠気が取れないとき**
社会や人間関係に対する恐怖体験が、心の中に蓄積されていることを教えるサイン。今までのこわかった出来事を思い出してごらんなさい、もっと可能性が広がるよ、というメッセージが降りているときです。

人のために力を尽くしすぎてきたあなたに、天界が〝**今度は自分の笑顔を優先していこうね**〟と伝えています。

眠る時間を罪悪と思わず、こういうときはとにかく寝る時間をつくります。**眠れば眠るほど回復は早まります。**

電車の中、休み時間、眠る時間をつくってみましょう。5秒目を閉じるだけで、宇宙エネルギーを取り込むことができます。

**・手先がピリピリするとき**

神と共鳴しているときです。体と心の浄化が劇的に起こっています。

大事なことに気づいたり、誰かを思いやったりすると、波動が上がり、大変高い振動で覆われます。

また、誰かのことを考えたときに波動がつながり、ピリピリ感じることもあります。

**・おなかが熱く感じるとき**

体の中心あたりがじわじわと熱く感じるのは、チャクラが宇宙と共鳴し、エネルギーをふんだんに取り入れているとき。宇宙をイメージし、深呼吸しましょう。

### ・肩の痛み

肩、背中、手などの右側が痛い、だるいなど違和感を感じるときはご先祖様からのGOサインです。今、考えていること、進めていることに大きなサポートをもらえます。

一方、肩、背中、手などの左側が痛い、だるいなど違和感を感じるときはご先祖様からのSTOPサイン。今考えていることはいったん保留にすると後悔しません。

### ・下痢など腹痛でつらいとき

大きな緊張が、急激にゆるんだときに起こる吉事です。このあと運気が劇的に上がります。これまでのがんばりによって、大量のエネルギーを消耗してきているので、ゆっくりと休んでください。

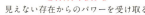

## 吉夢、こわい夢…夢を通じたサイン

夜の時間はとても天界とつながりやすいとき。あなたの脳のスレッドに夢として映されるものは、天界からのメッセージです。

### ・吉夢

111ページなどの吉アイテムが夢に現れるときは、がんばりが形になり始めていることを知らせる吉夢です。

菩薩や仏像、仏具、神社、仏閣など、神仏にまつわるものが現れるときは、近い将来スピリチュアルリーダーとして活躍する可能性があります。

### ・こわい夢

こわい夢というのは深層心理の中に閉じ込められていた恐怖心です。

それが悪夢となって放出されているので、こわい夢、後味の悪い夢を見たあとは運気が上がります。疲れがたまっているときでもありますので、デートや飲み会のお誘いがあるときはパスできるといいですね。

## ミリオネアへの運気上昇サイン

夢やテレビ、雑誌、街中など、普段の生活の中で、次のようなものを見たときは、運気上昇を知らせてくれる天界からのサインです。

・**富士山、タワー…**未来の成功を知らせてくれています。

・**宝船、七福神、ダルマ、天使、仏像など、神具、仏具、神関連のもの…**霊的成長のための運気アップサポートがついています。

・**ダイヤモンド、王冠、宝石、宮殿関係のもの…**経済的な能力が開けていくことを予言してくれています。

・**ぞろ目…**人生が順調であること、「今はシフトアップのとき」ということを教えてくれています。

・**誕生日ナンバー…**ご先祖様、亡くなった方が見守っているから大丈夫だよ、というサイン。

・**亡くなった家族の誕生日ナンバー…**亡くなった方からの〝大丈夫！　心配ないよ！〟のメッセージです。

・**おみくじ…**神様があなたの波動を読んで、今のあなたに必要な言葉を伝えます。次のような意味があります。

**大吉…**人生順調だよ、今まで通りでばっちりだよ！

**大凶…**予定より早いスピードで運気が上がっているよ。油断しないでいこう！

**小・中・末吉**…あなたには眠っている能力があって、それがこれから爆発的に発揮されるよ！　自分をもっと認めていいんだよ！

・**人の顔を思い出す、手紙やもらったもの、誕生日などが出てくる**…その人があなたに会いたがっているということです。夢実現能力を引き上げてもらえます。

・**気になる言葉（コマーシャル・歌・広告のキャッチコピー、本など）**…天界から、今あなたに必要な言葉をメディアを通して伝えています。

**耳について離れない歌は、天界からのダイレクトメッセージ**

朝、目が覚めたときに頭に浮かんだ歌は「天界からの朝歌」、魂など潜在意識や他人からの予言やメッセージです。また、耳について離れない曲や気になった曲なども同様に異次元からのメッセージです。たとえば、こんな例があります。

・安室奈美恵さんの「CAN YOU CELEBRATE?」が浮かんで、頭から離れなかっ

たその日に、運命の人に出会った（Aさん40才）
・ZARDの「負けないで」が何度も流れた。元気が出て悩みが一気に解決した（Yさん32才）
・街中で、星野源さんの「SUN」の〝君の声を聞かせて〟というフレーズが聞こえてきたら、元カレから復縁のメールが来た（Hさん27才）

いかがでしょう。みなさんにもこうした経験はあるのではないでしょうか。

頭に浮かぶ歌は、元気やパワー、幸運を運んでくれる侮れないアイテムです。

耳について離れない歌は、ネットの歌詞検索で意味を読み込んでみると、天界からのメッセージであるということを、さらに確信するでしょう。

このほかにも、**競争率の高い抽選に当たった！　アイスのあたりが出た！　ショッピングでお気に入りのものに出会った！など、レアなこと、ラッキーなことは天界からのサポートによって起こっています。**

見えない存在からのサインを意識することで、カレラからのパワーがグンと入りやすくなります。ぜひ、意識して感謝してみてくださいね。

# ご先祖様はいつもサインを送っている

## 探しもの、予約がとれない…「今は必要ない」というメッセージ

人生は未知のジャングルのような場所です。天国のご先祖様たちはあなたを幸せに導くため、24時間見守ってくれています。

次のようなときは、ご先祖様からの〝今は必要ないよ！〟の大事なメッセージです。

・**探しもの…**探しているものが見つからないときは、時間調整、もしくは、それが必要ない、執着しないで、を教えるときに起こります。

・**電話やネットがつながらない…**宇宙的タイミングで不適切なとき、そこへつながると良くないことが起こるとき、必要ないときはつながらないようにしてくれています。

2回トライしてつながらないときは、あなたには今必要ないと思っていいでしょう。

・**家電が壊れた…**家電はあなたの心や体の状況を表しています。最近少しがんばりすぎだよ、と自分をねぎらうタイミングのサインです。

・**予約がとれない…**あなたに必要ない場所、行くと不愉快なことが起こるなど、波動のちがうものは予約がとれなくさせられます。

・**バッテリーが切れた…**携帯、PCなどの電池切れは、〝そろそろここらでお休みしなさい〟という、ご先祖様からのサインです。

・**バス、電車、飛行機を逃した…**「焦らない練習をしましょう」のサイン、あるいは乗り損ねて次を待つ時間に大きな人生の変換や出会いが起こります。

## 亡くなった方も話したいと思っている

亡くなった方は残された地上の家族や友人と話がしたいと切望しています。そのため、いろいろな方法で自分の存在を教えてきます。それに気づくことで大きな力で守ってくれます。

・**亡くなった人の夢を見る**
**悲しい夢…**亡くなった方が〝ごめんね〟と謝っている。

**嬉しい夢…**〝大丈夫！　ちゃんと導いているよ〟というメッセージ。運気アップのとき。

・**急に思い出す…**亡くなった方が、あなたを想って恋しがっている。

・**似た人が現れる…**亡くなった方からの、〝大好きだよ〟〝大丈夫、そばにいるからね〟のメッセージ。

・**しずく。水滴を体に感じる…**雨の日、お風呂場、あるいはまったく水気のないところであっても、体に水滴を感じるときは、亡くなった方が泣いていることを知らせている。遺族が立ち直れていないことを悲しがっていたり、自分の行いを反省していたり、もう一度人生をやり直したいと悔やんでいたりしているサイン。

・**急にのどがいがらっぽくなる…**ご先祖様、亡くなった方が謝りに来ている。〝ごめんね、そのかわりに力を上げるよ〟というメッセージ。運気が上がる証。

・**好きだったものが浮かぶ、目に入る…**亡くなった方の霊的成長が起こり、残された人の運気が上がるとき。

・**亡くなった人の誕生日の数字を見る…**すぐそばで守っているから心配いらないよ、というサポートのシグナル。

・**亡くなった人の好きだった歌が浮かぶ…**あなたのことが大好きだよ、本当にありがとう、という感謝の気持ち。

・**仏壇やお線香、お墓が気になる…**古いエネルギーがたまってしまっていることを教えるサイン。お墓参りに行くと運気が上がる。行けないときはお線香をたくだけでOK。

・**声を聴いた気がする…**強いサポートを受けているとき。

亡くなった方とつながるときは高い浄化作用を受けるので、涙があふれてくることが多いもの。

**たくさん泣いて、古いエネルギーを涙で落としていくことによって、双方に大きな浄化が起き、運気が大きくアップしていきます。**

もし、亡くなった方が悲しんだり後悔していたりしたとしても、心配いりません。そういうときは、〝大丈夫、もうすぐ会えるときを楽しみにしているね〟と心の中で思うことで、亡くなった方に通じ、供養となります。

亡くなった方は、あなたの体を〝共有する〟ことで生きることができます。亡くなった方の好きだった映画を観る、好物を食べる、散歩のときに亡くなった方と一緒に景色を見ているような意識で過ごせば、おたがいの霊的成長がさらに進み、運気が上がります。

# 「今、食べたいもの」にも現れる、魂からのメッセージ

**「自分のこと、後回しにしていない？」**

私たちの周りには、こんなにもサポート現象が現れているんですね。ほかにも異次元界から大事な情報を伝える方法があります。

突然ですが、今日の夕飯、みなさんは何が食べたいですか。

次の中から選んでみましょう。

**1　エビチリのようなこってり中華**

2　お味噌汁とごはんの和定食
3　ドリアのようなホワイトソース系
4　肉汁滴るガッツリ牛ステーキ
5　あたたかい山菜うどん

さあ、みなさんはどれを選びましたか。
実は、今食べたいもの＝魂からのメッセージを表しています。

**1を選んだあなたへのメッセージ**
「必要以上にがんばっているので少し休養して。ハードルを高く設定しすぎているのでは？　もっと自分を許してあげていいんだよ」

**2を選んだあなたへのメッセージ**
「人のことを優先させて、自分のことを後回しにしすぎていない？　それじゃさみしいよ。夢を思い出して。絶対叶うから！」

**3を選んだあなたへのメッセージ**

「たくさん我慢しているのでは？　できないとき、難しいことは、そう伝えちゃっていいんだよ」

**4を選んだあなたへのメッセージ**

「こわいことをたくさん経験してきて、人生に消極的になっているね。あなたには才能がたくさん眠っているんだよ」

**5を選んだあなたへのメッセージ**

「人の間に立って板挟みになって、いつもがんばっているね。心の中に我慢がたくさんたまっているから、自分の心の声を聴いてみよう」

## 何気なく選んでいるものも、天界からの指示

こってり系が気になるときは、古いエネルギーがたまっているとき、お肉が気になるときは、こわい経験をしたとき、あっさり系の食べ物がほしくなるのは、エネルギー

温存のとき、など自分で食べたいものを決めていると思っていても、実は天界など異次元の世界でコントロールされているのです。

**食べ物や飲み物は波動を上げるための必殺重要アイテム。**何が必要かは一人ひとりの状況によってまったく異なってきます。今何が必要か、それを教えてくれるのもご先祖様や魂など、異次元体チームなのです。

運気が低迷してる、と感じるなら医学的常識はちょっと脇に置いておき、目を閉じ、心の中で、「ねえ、何が食べたい？」と呼びかけてみましょう。

答えは魂から返ってきます。

食べたいものが浮かばないときもあるでしょう。そういうときはムリして食べる必要はないのです。どんなときも本心を尊重してみる習慣をつけましょう。

また、何気なく選んでいる柄や色というのもそれぞれ波動を持っていて、天界からの指示で無意識に選んでいます。今日は何色が気になるか、「これがラッキーカラーなんだな！」と意識することで、色の効能が思う存分発揮されます。

自分の想いは魂の想い。わがままではなく、一番身近なチャネリングなのです。

# 今すぐできる！天界からのメッセージを受け取る方法

## 絶妙なタイミングで現れ、一瞬で消える

異次元体からのメッセージは、あなたがまさにその情報を必要としているとき、絶妙なタイミングで現れるようになっています。しかもメッセージは長く続かず、一瞬で消えてしまうものです。

なぜなのでしょう。それはこれらが**全世界、全宇宙のタイミングを見て、過去・現在・未来、すべてを調整して落とされてくるから**です。

たとえば、今あなたにアマテラス様から、〃伊勢神宮にお参りに来なさい〃という

伝言を伝える必要があるとします。

伊勢神宮があなたの住んでいる場所から遠く、経済的、時間的に行く余裕がない場合、一度のコールであなたは動きません。そのため数回にわたって、気づくまで情報を投げかける必要があります。

天界ではまずあなたの周りの人を伊勢神宮に行かせ、お土産を渡すように動かします。テレビやネットなどでそれを発信している人を操作して、たびたび情報を流させます。わざと待ち時間をつくるなど、あなたがその情報と接触できるように時間を操作したりします。


**二度続くことは、天界からの重要なメッセージです。**


降りてくる偶然の情報は、妙に気になったり、とても心惹かれて感動を覚えたりと、いつもとは何かちがう質感をもっています。

その静かな偶然をキャッチできるか否かで、次の扉の開くタイミングが早くも遅くもなるのです。

## 「この人、さみしそう」と感じるのも透視の一種

異次元体は、私たちの五感で気づけるようにメッセージを落としてきます。逃しても、気づけるタイミングを見計らって、何度でも落としてきます。

目で見えないものを感じ、読み込んでいくことを、英語の読む「ｒｅａｄ」から、〝**リーディング**〟と言います。

前述の通り、私たち人間をふくめ、エネルギー体は振動を持っています。その振動にさまざまな個体の情報が入っています。

たとえば、さみしいと思っている人がいると、その人が何も言わなくても、そのさみしさが振動となります。そして、周りの人がその振動を感じることで、「この人、なんだかさみしそう」と感じるようになります。

個体が持っている潜在意識の情報を、五感以外のセンサーによって〝なんとなくそう感じる〟こと、何かを見て何かを感じた、何かがイメージに浮かんだ、というのはそれだけですでに透視していることになります。

一般的には、とくに霊感の高い人が目に見えない情報をキャッチできる状態を「透視」、積極的に感じ取り、それを適切なメッセージとして解読していく作業を、「透視する」、もしくは「リーディングする」と呼びます。

ここでは、次のエクササイズを通して、実際に自分の心や身の回りの、簡単な波動のリーディングをしていきましょう。

## 波動のリーディングエクササイズ

顔に書いてある、背中が語っているなど、その人の持つ波動は、必ず外側へ発信されています。身近な波動をリーディングしてみましょう。

・目の前の人、上司など、身近な人の今日の機嫌は？
いい／あまり良くない／サイアク

・仕事やパーティーで初めて会う人。その人は……
接しやすい／離れたくなる
また会いたいかな／一生会わなくても後悔しない

・同僚や友だちの持つ波動は？
丸い感じ／直線の感じ

・家族のメンバーの持つ波動は？
柔らかい豆腐のイメージ／きらめく金属のイメージ

・お隣さんの性格は？
バリアの中に入っているイメージ／オープンなイメージ

・よく行くカフェ
柔らかいイメージ／堅いイメージ

・検索した企業や店舗のホームページ
白いイメージ／黒いイメージ

・初めて訪れる場所
心が広がる／心が閉ざされる

## 自分が何を選んだかを意識する…直感を鍛えるエクササイズ

日常の選択は異次元体からの示唆です。自分が何を選ぶか意識することで、つながる力が磨かれます。

・今日選ぶハンカチはどれ？
・今日着たい服は？
・朝、食べたいものは？
・ランチに行きたいお店は？
・仕事中に見たいものは？
・気分はどう？
・痛いところは？
・パソコン、スマートフォンや家電の調子はどう？

・気になる色は?
・見たいテレビ番組は?
・読みたい本は?
・会いたい人、声が聞きたいと思う人はいる?
・電車や信号など行動のつなぎはスムーズだった?

## 好き? 嫌い? 感情を見つめると自分の本心が見えてくる

心の中でどんなことが起こっているか、次のことに注意して感じてみましょう。

・嫌だ/嬉しい
・軽くなる/重くなる
・行きたい/行きたくない
・好き/嫌い
・ときめく/何も感じない
・こっちに行きたい/あっちに行きたい

## きらめきサインをノートに書く…引き寄せ力を高めるエクササイズ

本日の「きらめきメッセージ」を受けとめてみましょう。

・昨夜はどんな夢を見た？
・光、太陽、影、見たもの、天気、鳥の声、何に気づいた？
・何を食べたかった？　食欲はあった？　おなかはすいた？
・誰かのことを思い出した？
・泣いた？　笑顔になれることがいくつあった？
・悲しいこと、つらいことは？

いかがでしょうか。これらはすべてあなたを守る人からのメッセージです。
今日、どんなきらめきのサインがあったか、どんな示唆をもらったか、専用ノートやダイアリーに毎日書き込んでいきましょう。

**「偶然ではない」「すべて自分にカスタマイズされてやってきている」と信じる、気**

**づいていくことが異次元体とのコンタクト能力を劇的に上げていきます。**

## 「もの」の気持ちを考えると、チャネリング力が抜群にアップ！

みなさんの目の前にあるマグカップ、スマートフォン、時計……すべてのものは心を持っていて、みなさんの役に立ち、触れ合えていることをとても喜んでいます。

ものを擬人化することで、目に見えないもの、言葉の通じないものたちと交信することができます。

・真夏のクーラーや冷蔵庫、真冬のファ

ンヒーターやパソコン、一日中働きづめで何と言っている？
例　〝ふぅふぅ……もうへとへと！〟
・お気に入りのマグカップ。仕事に一生懸命なあなたに何と言っている？
例　〝もうちょっとだ、がんばれ！〟
・今日も一日働いたあなたに、ふとんはなんと声をかけてくれている？
例　〝お疲れ様！　安心して眠ってね〟

などなど、こんな声が聞こえてくるのではないでしょうか。

あなたが感じたことは、まさに相手の発している言葉です！

**自分のために役に立ってくれたものにお礼を言う習慣をつけると、さらに交信力が上がります。**

## 巫女、ソムリエ、お姫様…その人の過去生を感じてみるエクササイズ

私たちはみな、オーラに過去生の情報を載せています。「○○さんって、巫女さんみたい！」「△△さんって子犬っぽい！」……などのように、その人の持つ過去生そ

のものを雰囲気で表しています。人だけでなく、動物、魚、鳥……岩や葉っぱだった過去生も持ちます。

①その人の持つ雰囲気、見たイメージで感じたものを何かにたとえてみましょう。考えると波動が広がり、異次元界とつながり、よりはっきりした過去生の情報が現れます。

②イメージに浮かんだ人物を頭の中でじっと見つめていると、その人物が頭の中で動き出したり、周りの状況や全景が広がってきたりします。イメージに浮かんでくる国名、性別、衣装、生活様式なども感じてみましょう。

③恋人やパートナー、家族などを王様、女王様、お姫様、王子様などに感じるときは、過去生で王室、皇室などで一緒に過ごした間柄ということになります。

相手の性格の由来や考え方が腑に落ちるため、付き合い方もスムーズに進みます。

## 初心者におすすめ！天界からのメッセージを伝えるオラクルカード

天界からのメッセージは断片的、抽象的なこともあります。それをわかりやすくしたものが、「オラクルカード」と呼ばれるものです。なかでもタロットカードは有名ですね。

これらは、天界のメッセージを伝える神のお使いレベルの波動を持っていて、言葉や絵でわかりやすく教えてくれる優れものです。

**使っているうちに、サインの受け取り方に慣れてきて霊感が開けてきます。**

私もはじめのころはオラクルカードを使ってカウンセリングをしていました。そのうちに、カードがなくてもメッセージを受け取れるようになりました。

タロットカードは枚数が少なく、プロ向けです。リーディング力を磨きたい方にはタロットカードは大変勉強になるでしょう。

オラクルカード、エンジェルカード、神様カード、などと呼ばれているものは枚数が多く、天界メッセージを受け取るのにまだ自信がないビギナーにはうってつけです。

イラストのもの、写真のものなどなどいろいろな種類が出ています。
使い方はとても簡単。トランプと同じようにカードを切り、気になるカードを引くと、そこに今あなたに必要なメッセージが出てくるようになっています。

**おみくじと同じで、一番必要な波動を持ったカードが出てくるようになっています。**大きい書店やネットなどで販売されていますので気に入ったものを見つけてみてください。

**カード自体が〝神波動〟を持っているので、寝室に置いておくだけで浄化の効果を得られます。**

## コツは「カレラは今ここにいる」と思うこと

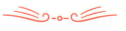

**目を閉じるだけで、宇宙エネルギーが入ってくる**

次は、異次元体たちにこちらからアクセスする方法です。
まずはじめに、宇宙や魂、ご先祖様などを視覚で確認しましょう。

### ① 宇宙とのつながりを見てみる

目を閉じてください。まぶたの裏側を見てみましょう。
そこは実は宇宙です。私たちは脳で宇宙や異次元とつながっています。
いつでもどこででも、守られ、情報を受け取っています。目を閉じるだけで宇宙エネルギーが入ってきます。

**② 魂を見てみる**

目を閉じて、まぶたの裏側を見てみましょう。真ん中のあたりにぼーっと浮かび上がってくる玉が見えてきます。それが魂体、あなたを成功や幸せに導く良いエネルギーの集まりです。ここは「第三の目」と言われている場所です。

**③ ご先祖のおじいちゃん、おばあちゃんを見てみる**

朝起きて目を開けた瞬間、コバルトブルーの細かい光が見えたら、それはあなたを守るご先祖様たちです。

**④ 眠りにつくときに、まぶたの裏側に白い光が見えた**

夜、目を閉じているときに、まぶたの裏側に白い光が見えたら、それはあなたが昔銀河にいたときの、エイリアンの友だちです。あなたの体調改善を助けに現れてくれています。健康に向かっていきます。

## 意識するだけで、つながれるようになる

見えない存在とつながる方法。それはとても簡単なんです。

夜の電車を思い出してみてください。電車の外側からは内側の様子がよく見えるのに、電車内ではガラスに自分の顔が映るだけで外側の様子は一切わかりません。

これが現世と異次元界の関係性そのもの。電車内は現世、電車の外が異次元界です。マジックミラー状態とも言えます。

向こうからはみなさんが見えていて、一生懸命ノックしているのに、こちら側からはまったくわかりません。

しかし、そのことを意識し始めると、今日からすぐに「見えない存在たち」とつながれるようになります。つまり、異次元体とつながるポイントは、「今そこにいる」と意識すること。これが相手の心のドアをノックすることになります。

「意識」とは、それほどスゴイ力をもっているのです。

異次元体とはあなたの脳をスレッド（書き込み版）として、つながるようになって

います。

つまりあなたの脳に浮かぶイメージや言葉で会話していくことになります。

異次元体の意識があなたの脳に集まるのです。


つながりたい異次元体たちが透明のドームに入っているところをイメージします。

そのドームをオープンにして、おたがいの間にバリアがない、というイメージをしていきます。

「いつもありがとうございます」というお礼でドームは開いていきます。

リラックスして会話を楽しみ、最後に「ありがとうございます」とお礼をして出ていきましょう。


神様、ご先祖様などの異次元体が私たちとつながる目的は、

・気づいていないことに気づかせる、心眼を開かせる
・心の浄化を起こさせる

・自分の可能性に気づかせ、自信を持てるようにする

というこどです。

これらはどの異次元体とつながるときでも基本です。このことを覚えておいて真摯な気持ちでコンタクトをとっていきましょう！

# 天国にいる家族とも言葉を交わせる

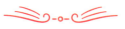

## ご先祖様のリーダー格！「守護先祖様」

一番みなさんのことを大事に考えてくれる頼もしい存在、**「守護先祖様」**とアクセスしていきましょう。

誰にでもご先祖様が何百人とついていますが、その中でリーダーシップをとっている人を「守護先祖」と言います。

自分から見て、ひいひいおじいちゃん、ひいひいおばあちゃんの代のことが多いです。このレベルになると、亡くなってから霊的成長を遂げ、あなたに必要な、的確な導きができるようになる、〃不惑の先祖〃とも言えます。

次のことをイメージし実践することで、守護先祖様のパワーが百倍入ってくるようになります。

① 今、頭上でひいひいおじいちゃん、ひいひいおばあちゃんがあなたをやさしく見つめています。写真が残っているなど、本人の顔がわかれば、お顔を、わからない場合はイメージで想像します。おじいちゃんおばあちゃんは、あなたを悪いものから守り、夢を叶えてあげたくて日夜一生懸命働いています。

② リラックスし、目を閉じてカレラをイメージし、「〇〇（自分の名前）です。いつもお守りいただき本当にありがとうございます」と声に出して言います。

③ 仏壇やお墓があれば、お水を備えたりお線香をたいたりしましょう。さらに距離が近くなりパワーアップします。

④「おじいちゃん（おばあちゃん）どうしたらいいか教えて！」。思いつくままの質問を投げてみましょう。自分の守護先祖様なので、思いっきり甘えてください。

⑤ 後悔していること、恐ろしかった経験、昔のことが浄化のために思い出されてき

ます。涙があふれてきたら気のすむまで泣いてください。それが守護先祖からの浄化の波動を受け取っているときです。

⑥ 言葉、歌、ビジョンなどでご先祖様からのメッセージが浮かんでくることもあります。

⑦ 最後に「ありがとう、見守っていてね」と伝えましょう。

守護先祖は常にそばについていてくれています。不安になるとき、迷うときなど遠慮なく声をかけてみてください。あたたかい笑顔が浮かんでくることで、パワーをもらえています。

## 亡くなった家族との対話はおたがいを浄化する

天国にいる大切な家族やペットに会いに行きましょう。
悲しみが癒え、双方が浄化され、幸せな波動に包まれていきます。

① 目を閉じて、会いたい相手の笑顔を思い浮かべてみます。相手の名前を声に出し

て呼んでみましょう。

呼んだ名前が野球のボールとして、相手の胸に入っていくようなイメージで。

② 天国の透明のドームを開けて、最愛の人やペットが外に出てきました。

「会いたかったよ〜、大好きだよ〜、さみしいよ〜」と頭の中で思いっきり、ハグしましょう。

③ たくさん泣きましょう。あなたに流れる涙は、相手の〝会いたかったよ！〟の嬉し涙でもあります。ふたりが泣くことで大きな浄化が起こります。

④ 相手に対して伝えたいこと、言いたいことを言いましょう。

⑤ 質問してみましょう。

「どうしてる？　元気？」「寒くない？　暑くない？」「さみしくない？」

リラックスする感じがしたら、「大丈夫！」の答えです。

「誰か一緒なの？」と聞いたとき、天国で誰かと一緒なら、その人の顔や記憶が浮かんできます。

⑥ 悩みがある場合は「〇〇で悩んでいるんだけどどうしたらいい？」とそのまま質問しましょう。

頭に浮かんできた言葉は、そのまま相手からのメッセージです。

何も感じられなくても、顔をイメージできただけでエネルギーの交流が起こっています。

## 遺影は亡くなった人と現世のアクセスステーション

天国の大事な人にスマートフォンで語りかけることもできます。

「元気？　会いたいよ」「なんで死んじゃったの？」「悲しくて毎日泣いてるんだよ」など、心の中に押し込んでいる言葉を書き出していきましょう。書き込んでいくうちに、「ごめんね、私も会いたいよ……」など、相手からのセリフも自然に浮かんでくるようになります。

手紙の場合は、便箋を用意し、会いたい相手に手紙を書きます。

**心のままに書き出すうちに、相手と深くつながり、思い出すべきこと、自分の本当の気持ち、今すべきことなど重要なメッセージが現れてきます。**

故人向けにレターセットを選ぶ、肉筆で伝える、などの行動でより確実なチャネリングとなり、大きな浄化が起こります。ぜひ手紙を書いてみましょう。

また、亡くなった方の笑顔の遺影に話しかける方法も大変効果的です。

**仏壇や遺影は、亡くなった人と現世のアクセスステーション。異次元パワーが必要なときは遺影を見たくなるようになっています。**

「どうしたらいいか教えて」「もうすべて嫌になっちゃったよ」など、心のままを声に出して投げかけてみましょう。

遺影の笑顔を見ているだけでパワーがあふれたり、前向きになれたり、あなたの波動が力強くなっていきます。

ふと遺影が気になるときは、亡くなった方が「大丈夫だよ！」と声をかけてきているときです。

お墓参りのときに浮かぶ言葉も、亡くなった方からのメッセージです。

# 「自分の分身」が窮地を救ってくれる

## 理想の人生への牽引力ナンバー1！ハイヤーセルフ

あなたを夢の夢のまた夢の頂上まで連れて行こうと日夜動いてくれている、あなただけの引き寄せリーダー、ハイヤーセルフ。カレラにつながりたいときは、宇宙のドームから出てくるところではなく、今あなたの頭の上をヒュンヒュン飛んでいるところをイメージしてください。

ハイヤーセルフは、白い服を着ている幼稚園くらいのあなたをイメージしましょう。ニコニコ笑って、〝私がいなきゃなんにもできないんだから笑〟のような多少どや顔、まさに上から目線のイメージです。

① 目を閉じて、ヒュンヒュン飛んでいるハイヤーセルフを下から見上げているところをイメージしましょう。

② ハイヤーセルフもあなたを見下ろして嬉しそうです。

ハイヤーセルフは、なかなか自分のメッセージを受け取れず、思い通りに進まないあなたにもどかしさを感じています。

③「はじめまして、○○（自分の名前）です。いつも私のことを一生懸命見てくれて本当にありがとうございます。なかなかあなた様からのメッセージやサインをキャッチできなくて、本当にごめんなさい！」と丁寧にあいさつをしましょう。

④ ハイヤーセルフは24時間365日ずっと働きっぱなしなので、このタイミングで少し休ませてあげましょう。抱きかかえてベッドに寝かせるイメージをしてください。

⑤ ハイヤーセルフを寝かせながら、

「疲れたでしょう、少し休んでいてね。私は今、あなたのメッセージを聴く練習を始めました。だからこれからはもっと早く、大事なことを行動に移すことができるようになります」

と伝えてください。

ひと晩経ち、ハイヤーセルフの疲れが取れると、さらに伝わり方が速く、密接な関係になります。

**人生を理想へ導く牽引力はハイヤーセルフが一番強いので、ハイヤーセルフの疲れを癒すことが最速最短の成功へ導きます。**

## あえて厳しい試練の道に連れていくことも

ハイヤーセルフはあなたが何を喜ぶか、それに合わせた天界の状況、過去生の状況など、すべての情報をキャッチして動いているので、こちらからとくに何かをお願いする必要はありません。

けれども、気になるときは、「〇〇について悩んでいます。私に力をください」と伝えましょう。そして、「疲れが取れるまでそこに寝ていていいですよ。おやすみなさい」と言って離れましょう。

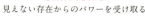

ハイヤーセルフは「あなた自身」なので、遠慮がありません。

**あなたが焦ったり、人と比べてしまったりしていると、夢を叶えることを早めようと、多少厳しい試練の道へ連れていくことがままあります。**

今の状況が苦しい場合は、ハイヤーセルフが張り切りすぎている、急ぎすぎているときでもあるので、「もう少しゆっくりめでいいよ、もう疲れちゃったよ、少し休ませてよ〜」など、お願いしてみるのもいいかもしれません。

また、自分自身が人と比べすぎたりしていないか見直してみるといいでしょう。

## 未来の自分はいつも味方

いつも私たちを応援し、輝く未来へ導いてくれる存在として忘れてはならないのが、**「未来の自分」**です。

**未来はすでに存在しており、今の難問を乗り越えたあなたが未来の次元でイキイキと生きています。**今よりももっともっと美しく輝く自分とつながりましょう。

未来のパワフルな自分は常にあなたの左上方斜め45度付近にいます。目を閉じて、美しく輝く未来の自分をイメージしましょう。

そのおねえさん（おにいさん）の自分が微笑み、手を差し伸べています。頭の中でその手を握りましょう。

未来の自分はあなたにこう語りかけています。

〝大変だよね、疲れちゃったよね、でも大丈夫。私は今、こんなに幸せなんだから。もうすぐ、雨は上がるよ〟

深呼吸しながら、未来のオトナのあなた自身のキラキラの気を吸い取ってください。

# 神様、天使とつながると、「人生の目的」を思い出す

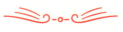

**格が一段高くなり、「本当の自分」に近づいていく**

さあ、今度は神様とつながってみましょう。

神様とつながることで、格が一段と高くなります。本当の自分、人生の本当の目的に近づくでしょう。

① まず目を閉じて「神様」を頭にイメージしましょう。神様はあなたがイメージする姿かたちで大丈夫です。髭をはやした白い服のおじいさんでも、神話に出てくるような衣装の人でも、まばゆい光のエネルギー体でもＯＫです。

②神様に「いつもありがとうございます」とお礼を言って、ドームを開けていきましょう。神様がドーム内から外に出てきたところをイメージします。

③はじめてつながる場合、改まってサポートを受けたい場合などは、自分の名前を言いましょう。

「日下由紀恵です。スピリチュアルカウンセラーとして仕事をしております。はじめてお伺いいたします。どうしても神様とお話がしたく、お時間をいただけたらと思います」と、少し丁寧に挨拶していくと伝わり方が大変良くなります。

このとき、今の職業や勤めている会社名も伝えるようにすると、人生への自覚や勇気のアファメーション（宣言）となり、仕事運、対人運、金運など、運気が劇的に上がりやすくなります。

④身近なご先祖様や家族とはちがって波動の質がちがうため、深呼吸を心がけるようにします。目を閉じて、神様の持つ清らかでエネルギーに満ちた気が、自分の体を浄化しながら通り抜けて、体内が掃除されていくところをイメージします。

⑤神様の表情を見てみましょう。やさしくほほ笑んでいるのではないでしょうか。もし厳しい表情が出てきても心配はいりません。その場合は神様からとくに目をか

けられている証拠です。反省すべきことがないか考えてみましょう。すぐに神様は笑顔になるでしょう。

神様とつながるのは願いを叶えてもらうためではなく、あなたが自分で夢を叶えるための潜在能力を引き出してもらうのが目的です。

願いごとを直接伝えるのではなく、「私が夢を叶えられますよう、精神的に磨きがかかりますようお導きください」と伝えましょう。

## 天使は、個人的な悩みでも細かく叶えてくれる

エンジェル（天使）はとてもつながりやすい波動を持っています。

エンジェルは個人的な悩みを細かく叶えてくれるフットワークの軽い、大変強い味方です。

① エンジェルが常に頭の上をピヨピヨ飛び交っているところをイメージします。アクセスすると、さらにたくさんのエンジェルが飛び出してきました！

② お世話になっているお礼を伝えて、今困っている問題の専門エンジェルを呼び出しましょう。

「いつもありがとうございます。人間関係のエンジェル様、助けて!」

「いつもありがとうございます。オーディションのエンジェル、力をください!」

このほかにも不動産のエンジェル、株式のエンジェル、税金のエンジェル、家具のエンジェル、PTAのエンジェル、フランス料理のエンジェル……などなど、名詞の数だけエンジェルはいます。

ポイントは、結果をお願いするのでは

なく、自分にとって一番いい結果になるよう、お願いすることです。

相手の顔がイメージできたら、それだけですでにつながっています（つながらないときはイメージに浮かんできません）。

柔らかい感じ、リラックスした感じがするならさらに深くつながっています。

## 時差で答えをもらえることも

さて、さまざまな天界の存在とのつながり方をご説明してきました。

つながった相手はあなたと脳を共有しているため、相手からのメッセージは自分の想い、考え、イメージとして現れます。

以下のようなことが現れたら、それは相手からのメッセージです。

- 悲しくなる、涙が出てくる（大きな浄化が起こっている）
- つらいこと、嬉しい思い出など過去のことを思い出す
- 忘れていた出来事を思い出す

- 反省点や感謝の気持ちに気づく
- 恐怖の出来事のイメージが出てくる
- がんばったね、大丈夫だよ、ありがとう、など励ましやねぎらい、感謝の言葉が浮かぶ
- あたたかい気持ちになる
- 抱きしめられている気持ちになる
- 眠くなる
- 体を支えていられなくなる
- 〝会いたい〟という言葉が浮かぶ
- 相手の笑顔が浮かぶ
- アイデアやひらめき、解決策、別の選択肢などが浮かぶ
- つながったあとにすっきりしている

つながりに慣れてきてスムーズにできるようになると、このようなことがはっきりとわかってきます。

**アクセスするタイミングは、あちら側が決めてきます。**

今つながることが必要だというときに、また、あなたに余裕があるときに思い出すようになっています。

これらのことは、アクセスしているときよりも、むしろそのあと、翌日2、3日してから浮かんでくることもよくあります。

すぐに答えが浮かばないときは、天界でも最適な方向性を模索していたり、あなたに考える時間を与えたいと思っていたりするときです。

頭に浮かんだイメージや言葉など、普段から気を使うようにしてみると、〝あ、これは亡くなったお母さんの声だ〟〝この間の答えはこれか!!〟など、上手に区別がつけられるようになってきます。

## 遠隔でパワースポットにアクセスできる!

神様が住んでいる、行くだけで願いが叶う、宇宙のエネルギーがあふれていて、クリエイティブな能力が開花する場所。いわゆる「パワースポット」というものがありますね。こういう場所にかぎって、海外の秘境、人里離れた山奥など、行くことに手間がかかって、行きたくても行けない、という方も多いはず。

実はわざわざ行かなくても、パワースポットにアクセスできるのです！

パワースポットで、なりたい自分になっている「未来の自分」を想像することで、夢の具現化に加速がつきます。

その場所を頭に描き、「なりたい自分」をイメージし、「ありがとうございます」と心の中で感謝して、最後に「夢が叶った自分の笑顔」をイメージしてみましょう。

敏感な方なら、心がオープンになるのをすぐに感じるはずです。ぜひ試してみてくださいね。

# 最高の浄化ワードは「ありがとう」

## 常に後悔しない行動を選択する

私たちが自分の中に眠ったままになっているエネルギーを発揮させていくためには天界のサポートがマスト。そして、目に見えない相手とつながるには、少し注意が必要なことがあります。

いつも良いエネルギー体とだけつながればいいのですが、疲れがたまっていたり、ストレスでいっぱいになっていたりすると、どうしても〝邪魔するエネルギー体たち〟に目をつけられてしまいます。

電車の中で喧嘩を始める人、店員さんに向かって暴言を吐く人、高速道路で危険なあおり運転をする人、あるいは重大な罪を犯してしまう人……というのは、未練をたくさん残して亡くなった人の霊など、見ず知らずの悪いエネルギー体にのっかられてしまっている状態です。

こうなると、周りの人が止めようとしても止められません。常識が通用しない次元に連れていかれているからです。

**疲れやストレスは自分でコントロールするのは大変難しいものです。**

私たちが今どういう状態にあって、どうすることが適切か、悪いものを阻止したり、正道へ引っ張ったりしてくれるのが魂（良いエネルギー体）たちです。

私たちを正道へ戻す魂と常につながりを持てるよう、普段から次のことに注意しましょう。

- 人のうわさやゴシップ記事を読まない
- 興味本位で人の波動や過去生を読まない

・面と向かって言えないことは、口に出さない
・人の行いをむやみに非難しない
・人の不幸を天界に祈らない
・呪いをかけない
・フェアでないことを望まない、実行しない

もしこれらのことをしてしまっていたとしても、大丈夫。
自分の行いに気づいたら、最高の浄化ワード、「ありがとうございます」を言うようにしましょう。

**大事なのは、その行いをしたときに、自分が後悔するかどうか常に自覚を持つこと。**

迷うときは魂と手をつないでいるところをイメージしましょう。
聖人君主でいる時間は1年のうち1時間くらいでいい、と神様は言っています(笑)。

## 「見えたこと」に自信が持てないとき

チャネリング、オーラリーディングなどで落ちてくる情報は、はっきりと誰もが見

える形に現れるわけではないので、正しいのか間違っているのか、自分の勝手な妄想なのでは?と不安に思ってしまうこともあるでしょう。

チャネリングの技を磨く大事な方法のひとつが、前の章でもお伝えしたとおり、**「とにかく信じる」**ということです。

**自分の意識、直感、イメージ、「感じたもの」はすべて異次元界から、知るべきことして落とされている貴重な情報で、それはあなただけにしかキャッチできません。**

たとえば友人とランチを食べようとしているとき、友人が焼き肉を食べているシーンが浮かんできたとします。あなたは「焼肉食べたい?」と聞くと、友人はお寿司が食べたいと言いました。あなたのリーディングは失敗したのでしょうか。

いいえ、そうではありません。

あなたが見たのは、友人自身も気づいていない心の奥の欲求です。

私たちは往々にして理想を求めすぎるがゆえ、〝太るから〟〝お金ないから〟などの地上的理由で本心ではないところで動いてしまいます。

潜在意識の奥を読むのがチャネリングの目的なので、あなた自身が正誤をジャッジする必要はありません。

あなたの脳は白いスクリーンのように、いろいろなものが映されます。ときに過去生の思いや、子どものころの記憶であることもあります。**間違いや偶然で情報は落ちてきません。頭に浮かんだことというのは、必ず必要な情報です。**

ただし、先ほどの例で言うと、あなたのイメージに浮かんだ焼肉を、友人に無理強いする必要はありません。友人がお寿司、と言うなら、それで良しとします。

〃あなたが感じたことを、選択肢のひとつに加えるといいよ〃というアドバイスにすぎない、どんなことも私たちを幸せに導く要素を持っている、というゆるいスタンスでいることが重要となります。

この「信じる」を確定的なものにするために、日々起こるシンクロを数えていくことがとても有効になります。

「このイメージは本物なのか」という疑念を払拭するおまじないをご紹介しましょう。

**【偶然で起こっていると思うか？】**という神様からの問いかけをイメージすると、疑惑が取り去られます。ぜひ試してみてくださいね。

CHAPTER
4

# 幸せの足を引っ張る者の正体とは？

# 自分のせい、自分が悪い、と思いこまされている⁉

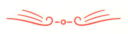

## 足を引っ張るエネルギーを浄化していく

残念ながら、私たちの周りで人生の進み方に大きな影響を与えているのは、良いエネルギー体だけではありません。

こんなことで悩んでいませんか。

・夢に向かってがんばっているのに、何も起こらない
・一生懸命やっているのに評価されない
・悪気はないのに相手を怒らせてしまう

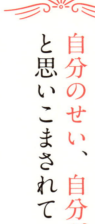

・家族、親戚一同、運が悪い人が多い
・お酒、甘いもの、買い物など依存症が治せない

どれもつらい状況、ポジティブでいるのは難しいですね。

このような場合、自分の人生はせいぜいこの程度……と、夢をあきらめやすくなり、引き寄せの法則も途中で挫折してしまいやすくなります。

しかし、もしこれらが自分たちのせいではなく、邪魔するエネルギー体のせいで起こっているとしたらどうでしょう。みなさんが本来持っている実力にふたをされているとしたら……。


そうなのです。

**私たちが〝自分のせい〟〝自分が悪い〟と思っていることは、実は私たちの足を引っ張るエネルギー体のせいで、起こされているのです。**

前の章までは幸せに導く異次元体とアクセスする方法をお伝えしましたが、この章では足を引っ張るエネルギーの正体と、浄化法を知り、私たちを助ける良いエネルギー

体たちの力を最大限受け取れるように波動を整えていきたいと思います。

引き寄せ力もグンと上がりますよ！

## ブランド品はオーラをきれいにしてくれる？

足を引っ張るエネルギー体についてお話しする前に、オーラについて知っておきましょう。


あの人にはオーラがある！

あの人にはまったくオーラがない……。

あの人は負のオーラを持っている。


などなど、オーラという言葉は、その人の持つ「雰囲気」や「影響力」「存在感」を表すときに使われますね。

オーラとは一体なんでしょう。オーラが輝いている人ってどういう人なのでしょう。

**オーラとは、その人の持つ「波動」。**

目には見えない、その人の持つ細胞の振動です。

私たちの肉体の外側を「エーテル体」という目に見えない細かい物質が覆っていて、これが体から発されるすべての振動を蓄え、その人のオーラ（波動）をつくります。

オーラをきれいに保つ方法はたくさんあります。

簡単な方法はブランド品を身に着けることです。

ブランド品のように、誇りを持ってつくられているものというのは、速い振動（高い波動）を持っています。

けれども、ブランド品だけに頼っている場合、裸になってしまうと、瞬時にオーラはしぼんでしまいます。自分の独自の波動が弱っていると、無意識にブランド品などで波動を補おうとして、高価なものに固執することがあります。

## 邪気を一気に吹き飛ばす「物事をポジティブに捉える習慣」

高価なものに頼らなくても、オーラを輝かせることができる方法があります。

それは、「物事をポジティブに捉える習慣」。

ポジティブ思考は神様と共振する大変高い波動なので、邪気を一気に吹き飛ばします。こういう習慣を持っている人は、オーラがきれいでとてもいい香りがします。

目では感知できない輝きがあり、こういう人には、たくさんの良きものが集まってきます。たとえ100円ショップのものであっても、海外のブランド品に見えるようになるのです。


**ポジティブに捉える習慣が身につくと、お金を上手に使うことができ、金運の神様からも大いなるサポートが入ってくるようになり、いいことづくしの上昇スパイラルに乗ることができるのです。**

# オーラを輝かせて、悪い異次元体をはねのける！

## 誰でも瞬時に磨くことができる

みなさんはすでに夢に向かって日々心を磨いている、お手本のような存在だと思います。そういう方のオーラはとてもキラキラ輝いています。

いくつチェックがつきますか？　多いほどオーラが輝いています。

□いつか就きたいと思っているあこがれの仕事がある
□お手本としている理想の人がいる
□訪れたい場所がある

□人から相談されることが多い
□カーッとなることがあっても抑えることができる
□ポジティブな考え方が好き
□お気に入りの色、お気に入りのお店などを持っている
□資格取得、セミナーなど知識のために勉強をしている
□規則やルールをきちんと守るようにしている

オーラはあなたの意識の振動、つまり波動になるため、これらの項目が当てはまるほど、キラキラ輝き、虹色に光ってあなたを輝かせます。

**あなたを守る異次元体たちは、この虹色オーラと共振し、驚くほど多くのサポートをしてきてくれます。**異次元体たちだけでなく、理想的な恋人候補もわんさか集まってくるようになるのです。

ところが！
みなさんにもともとある、この虹色オーラを邪魔するものがあります。

それが前の章でもちょっとだけお話しした、重い波動を持つ異次元体です。

それらがみなさんの体の周りのエーテル体にピトッとくっついてしまったり、集団となってまるごと覆ってしまったりすることで、虹色オーラは鼠色によどんできます。

人生がうまくいかないときというのは、そういうときなのです。

## 奇跡を起こす力は自分の中にある

邪魔するエネルギー体を取り除き、オーラを輝かせることでたくさんの奇跡が起きていきます。


ある40代の男性は、住み始めてからまだ2カ月しか経っていない新築のマイホームが欠陥住宅だとわかり、ショックで憔悴しきっていました。しかも施工会社ともめる始末……。男性はいてもたってもいられず、自分の心の奥底にいる、恐怖心を感じているインナーチャイルドへチャネリングしてみました。

すると、状況が一転。施工会社が男性の要求を飲み、全額返金で白紙に戻す流れとなったのです。

また、ペンション経営がうまくいかず、撤退を余儀なくされていた30代の夫婦は、お金に対する恐怖心のエネルギーを落としていくと、不思議と経営するペンションの満員御礼が続くようになりました。今では人気の宿として紹介されています。

**邪魔するエネルギーを取り除いていくことは、風船の重しをはずすこと。それによって、風船はいとも簡単に青空へ飛び立っていくことができます。**

引き寄せの法則を途中で断念してしまったクライアントさんに、心の中で泣いているご自身のインナーチャイルドにアクセスしてもらうと、ぶら下がっていた重しが外れるがごとく、運気が一気に急上昇し始めるケースが多数あります。

**重しを取り去ることは、神様たちのパワーを正常に取り込む機能を取り戻すことでもあります。**

あこがれの大企業に採用された！
どっちつかずの彼との結婚の話がとんとん拍子で進んだ！
7年間不妊で苦しんだのがうそのように子宝を授かった！

パワハラ上司が突然の転勤で目の前から消えた！

などなど、自分のオーラのくすみをとっていくことで、まさかの奇跡が誰にでも起こせるようになります。それはまさにあなたの中に埋蔵されている、眠ったままの可能性です。

神様たちの役割は、私たちのエネルギーが形になるよう、エネルギーの循環パイプをクリアにすることだけ、と言っても過言ではありません。

オーラは**「物事の良い面を見つける」**というポジティブ思考で、誰でも瞬時に磨けるもの。奇跡を起こす力はあなたの中にあるのです。

# 幸せを阻む6つのエネルギー

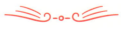

## 生き霊、地縛霊、絶望している核星

人生がうまくいかないのは運が悪いから、自分がいつもくよくよネガティブだから……。そう思っている方も、本来は幸運を引き寄せる虹色オーラを持っています。

オーラの輝きを邪魔するエネルギー体をやっつけてしまえば、もとの輝きと神様が共振できるようになります。

私たちを邪魔するエネルギー体を、もう一度おさらいしましょう。

### ① 未練をたくさん残して亡くなった人の霊

**②　苦しみや憎しみを抱えて亡くなった人の霊**
**③　あなたに片思いしている誰かの生霊**
**④　土地や建物に居座っている地縛霊**
**⑤　苦しみを忘れ切れていない過去の自分**
**⑥　人生や社会に絶望している核星《かくぼし》**

すべて目に見えない存在ですから、邪魔していると言われてもピンとこないかもしれません。あるいは、自分の周りにはこういうものたちしかいないんじゃないか？と感じている人もいるかもしれませんね。

未成仏霊の存在を知ったら、逆に取り憑かれてしまうのでは？　対処しても結果が見えないからわからないのでは？と不安になる方もいるかもしれません。

ですが、ご安心ください。存在や現状を知ることで、幸運がグンと近づきます。

これら6つのうち、2つにチャネリングするだけで、残りの4つも消えてなくなるようになっています。

みなさんのオーラはピカピカに戻り、しかもその2つと交信が取れるようになると、引き寄せが加速し、ライバルにも差をつけられるチャネリングでもあるのです。

上手にアクセスしていくことで、みなさんの足を引っ張るエネルギーをまったく逆の良いエネルギーに変えていくことができます。

天界がみなさんを引っ張り上げる力が何十倍にもなり、自分でがんばらなくても上昇スパイラルに乗せてもらえるようになるのです。

そのアクセスすべき2つとは、

**⑤ 苦しみを忘れ切れていない過去の自分**

**⑥ 人生や社会に絶望している核星**

です。

ひとつずつ見ていきましょう。

## インナーチャイルドはトラウマを再現する

まずは「⑤ 苦しみを忘れ切れていない過去の自分」です。過去の自分が悪いエネルギーになって、今の自分の足を引っ張るとは、どういうことでしょうか。

幼いころ、親に怒られてこわかったこと、体の痛みや注射で泣いたこと、友だちに意地悪されたこと……また、親や兄弟と離れなければならなかったショックなど、忘れられないつらい経験があるでしょう。

これら恐怖やショック経験を「トラウマ」と呼んでいます。このトラウマは、別名「過去のショックを忘れられない自分」と言い、「インナーチャイルド」とも言います。

気づいていないかもしれませんが、誰の心の奥にも存在しています。

**過去の恐怖体験は、人生や社会、他人をこわがったり、自分の存在は周りに必要とされていないと決めつけたりと、自己肯定感の低い状況をつくり出します。**それが負の連鎖になり、何をやっても失敗してしまう、という状況に陥ります。

何年もそのようなことが続くことで、人生をやめたいと思う気持ちが現れてきます。

それが「⑥ 人生や社会に絶望している核星」です。

核星というのは、あなたという肉体に入っている魂、「もうひとりの本当の自分」と言い換えることができます。

このトラウマの傷である「インナーチャイルド」や「人生に絶望しているもうひとりの自分」は、自分の存在を教えるために次のようなことを起こします。

・自分はいらない人間なんだと思わせる
・自分は何もできないと自信をなくさせる
・周りから嫌われるような行動をとらせる
・人から孤立させようとする
・周りの人を怒らせるようなことをさせる
・早く人生を終えるよう病気にしようとする
・周りの人を困らせることで、自分の悲しみを知らせようとする

これらはさらにこんな連鎖を起こしてきます。

不安を感じやすい／メンタルを崩す／人や自分の悪いところが目につきやすくなる／イライラしやすい／疲れが取れない／仕事でミスが多くなる／けんかや裁判など争いごとが増える／夢や目標がわからなくなる／詐欺に遭いやすくなる／事故や事件に巻き込まれる

このような出来事があると、ネガティブ感情に拍車がかかり、波動を急激にダウンさせます。

神様からのインフォメーションを一切受け取れない状況をつくります。

そうすると、きれいだったオーラが一時的によどんでしまうのです。

## つらい過去の自分を思い出すだけで、波動は回復

①〜④の、足を引っ張るエネルギー体である他人の霊たちは、実はよどんだオーラが大好きです。

「トラウマに傷ついた過去のあなた」と「人生に絶望しているもうひとりのあなた」のにおいをかぎつけ寄ってきます。そして、さらにオーラがよどんでしまいます。

引き寄せの法則が途中で効かなくなってくるのは、このような「インナーチャイルド」や「人生に絶望しているもうひとりの自分」が心の中で暴れ出すからなのです。

ですが安心してください。

**「トラウマに傷ついた過去のあなた」と「人生に絶望しているもうひとりのあなた」にアクセスし、気持ちを共有することで波動は戻ります。**

重たい霊を引きつけなくさせることが簡単にできるのです。

# ネガティブの大元、「インナーチャイルド」と「核星」

## ひとりぼっちにされた経験、自分を認めてもらえない悲しみ…

それでは、ネガティブの大元をつくる2大エネルギー、「インナーチャイルド」と「人生に絶望している核星」にアクセスしていきましょう。

### 心に傷を負った過去の自分「インナーチャイルド」にアクセス

インナーチャイルドは、心に傷を負った過去のあなた自身です。

負の経験の中でも、とくに「ひとりぼっちにされる」「体の痛み」「親からの虐待など」の**【恐怖】**、「仲間外れ」「比較される」など自分を認めてもらえない**【悲しみ】**、

「家族との死別」「家族の裏切り」「災害、事故」などの**【ショック】**が3大トラウマとなりやすいものです。

次の方法でアクセスしていきましょう。

＊仏壇で使うりんや、お守りの鈴などを用意。目を閉じて2回鳴らします。

①　目を閉じて深呼吸します。

②「恐怖」「悲しみ」「ショック」などのキーワードにあてはまる出来事を思い出しましょう。

③　その出来事を経験している自分をイメージします。イメージできるのは、まさにそのときにワープしている、つながっているということです。

④　こわがっている、ショックを受けて泣いている幼い自分をイメージに出します。そのときの恐れ、悲しみ、ショックなど気持ちを再現し、感じます。

⑤　泣いている幼い自分をイメージの中でぎゅっと抱きしめて、「こわかったね」「ショックだったね」「悲しいね」「ひどいね」と3回声をかけます。

⑥　このとき、恐怖が再現され、こわくなったり、涙が出てきたりすることがありま

す。それは閉じ込められていた過去の感情が排出されている証拠です。たくさん泣いてください。

⑦ 泣いていた過去の自分が笑顔になっているところをイメージします。

以上をワンセットとして目を開けます。

潜在的な恐怖心が浄化され、不安や怖れから解き放たれていくため、アップグレードされた人生にシフトしていきます。

## 人生に絶望している核星（もうひとりの自分）にアクセス

核星は人間として地上に来る前は、宇宙の銀河で自由に光り輝いていました。

人生に絶望している核星は肉体という狭く重い空間に閉じ込められ、さまざまな人間関係の苦しみに押しつぶされ続け、〝もう人間は嫌だ！〟〝どうせいいことなんか、ひとつもないんだ！〟と、心の奥で叫び続けています。

これが騒いでいると、せっかくの努力が中途半端に終わるということが起こります。

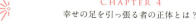

① 目を閉じて、窓の外を見ている幼い自分をイメージします。

② 窓の外に広がっている景色は宇宙です。宇宙には月や星が瞬いています。

③ 幼いあなたは、朝から晩まで一日中宇宙を眺め、こうつぶやいています。

「帰りたい。ここは嫌だ！」

つらいこと、苦しいことばかりのこの世界で、生きていく自信を失っています。

つらい出来事を思い出し、その気持ちを一緒に感じてください。

④ その自分にこう声をかけましょう。

「そうだね、ここは本当に嫌なつらいところだよね」

そして、そっとそばに寄り添い、手を握ってあげましょう。

今のあなたに寄り添ってもらった幼いあなたは、ひとりぼっちではないことで勇気が湧き、地上を楽しみたいと思う気持ちを取り戻し、笑顔になりました。

⑤ 宇宙の見える窓の反対側には、春ののどかな野原が広がる窓があります。これは地上を表しています。幼いあなたは笑顔で野原へ飛び出していくところをイメージしてください。

⑥ 元気になった自分をギュッと抱きしめてあげましょう。

以上をワンセットとして目を開けます。

いずれも大変深い傷となっているので、一度では浄化できないものです。

〝それくらい恐ろしかったんだね〟と意識し、声をかけましょう。

そして、イメージの中で過去の自分としっかりと手をつないでください。

## 悪の動きを活発化させるもの

さらにこれらふたつの心の奥に潜んでいた悪の動きを活発にさせる2大要素があります。それが「疲れ」と「恐れ」です。

## 「疲れ」を取るチャネリング

疲れというのはストレスです。ストレスというのは嫌だなあ、面倒だなあ、やりたくない、嫌い、ムリ、なんでこんなことしなくちゃいけないの？　なんでこんな目に合わなくちゃいけないの？　こんな人と離れたい、もうできない！など、自分の流れを妨げる出来事を、我慢してため込んでしまうものを指します。

① 目を閉じて、石ころだらけの道端に、疲れてばったりと倒れている今の自分をイメージします。

② その自分の顔を見てみましょう。元気な笑顔は毎日のつらい出来事で苦悩にゆがみ、閉じた目からは幾筋もの涙が頬を伝っています。もう一歩も、前へ進めないほど、心と神経がズタズタになってしまっています。

③ その自分を抱きかかえて高級ホテルのしずかな部屋のベッドに寝かせてあげましょう。

④ 質の良い白いかけ布団をかけ、そばで子守歌を歌ってあげましょう。傷ついたあ

なたは、すやすや気持ちよさそうに寝息を立てています。

⑤　3度深呼吸をします。

⑥　こう声をかけましょう。「ここでずっと寝ていていいからね。起きたくなったら起きてくればいいからね。それまではずっとここで寝ていていいからね」。これで疲れのエネルギーが浄化していきます。

以上をワンセットとして目を開けます。

たいしたことをしていないのにすぐ疲れてしまう、がんばっているのにうまくいかないとき、どうしたらいいかわからなくなるときは、疲れのエネルギー体がたまっているときです。アクセスし解放させましょう。

## 「恐れ」を取るチャネリング

「恐れ」というのは、人生の中で恐ろしい体験が累積したもの。前へ進めなくさせる大岩のようなものです。

蓄積された恐れのエネルギーは、心に目に見えないバリアを張らせ、すべてのものが入ってくるのをシャットアウトさせます。

そうすると未成仏霊などがつきやすく、神波動のエネルギー体が入れなくなるオーラができてしまいます。

恐れがたまっている状態は息苦しく、うつやひきこもりなど、すべてを停滞させます。何事にも消極的、「できない」、「どうせムリ」と思わせたり、失敗させたり、必要ないものを求めたりと、人生をフェイドアウトさせるということが起こります。

① 目を閉じます。あなたは今、なだらかな丘の野原にひとり座っています。

② その自分の周りに有刺鉄線が張り巡らされているところをイメージします。有刺鉄線はトゲトゲしていて、電流が流れています。あなたの世界にピリピリと不穏な緊張状況をつくり出しています。

③ この有刺鉄線には電源がついています。電源のスイッチをOFFにして電気を切りましょう。おだやかな空気感が流れているのを感じてください。

④ 次に張り巡らされた有刺鉄線を、思いっきり引きはがして宇宙空間に投げ捨てて

いきましょう。

⑤　あなたの周りに鉄線はなくなり、のどかな野原の光景が広がっています。鳥がさえずり、蝶が蜜を求めて舞っています。

⑥　3度深呼吸をします。

不安や恐怖を感じるとき、このイメージングを行いましょう。

これらの負のエネルギー体とコンタクトを取り、浄化を始めると、次のような変化が起こります。

・「難しい、できない、私にはムリ」という態度が「楽しそうだからやってみ

たい！」に変わり、自然にアクションを取り始める

- 誰かのために役に立ちたい、と思えるようになる
- 人と話をしたくなる
- 空、樹木、光などの自然をきれいだと感じるようになる
- 食欲が抑えられる
- 外へ出たくなったり、運動をしたくなったりする
- 無駄遣いしなくなり経済的に余裕が出てくる
- 周りにやさしい人が増えてくる

高い波動を邪魔していた重いエネルギー体が消え、あなたの人生が上向きの循環気流をつくり始めます。よどんでいたオーラが生き返り、遠ざかっていた神様やエンジェルやご先祖様たちが一気に戻ってきてくれるのです。

## 負のエネルギーを浄化すると、一気に上向きの循環気流に乗れる！

大手家電メーカーにお勤めの男性（43才）は、自分の恐れと疲れにアクセスし、取

り除いたところ、最年少での出世が決まりました。

また、同時にその男性のお母さん（73才）は、高級ホテルの宿泊券が当たり、ふたりで旅行に出かけたそうです。

自分が良くなるだけで家族、親族全体の運気まで変えてしまうのです。

負のエネルギー体は、長い時間をかけて積み重ねられてきたものなので、一度のアクセスで浄化できるものではありません。気になったり、不安を感じたりしたときに、アクセスしてみるようにしていくといいでしょう。

**上手なアクセスのコツは、「焦らないこと」です。**

これらの感情はこれまでの人生の中で生まれてきた、愛すべきみなさん自身でもあります。

足を引っ張る悪いやつめ！　今すぐ出て行け〜！と追い出すのではなく、その恐怖や悲しみを徹底的に抱きしめ、共感してあげたい、と思うやさしさで浄化されていきます。

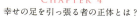

# 邪悪なエネルギーから身を守る！自分を浄化する方法

## 神社に行く、太陽の光を浴びる…

スピリチュアル、チャネリングや引き寄せの法則に惹かれる人というのは、もともと宇宙や神エネルギーとの強いつながりを持って生まれてきています。

良い情報やチャンスをつかみやすい長所と同時に、悪いエネルギーに足を引っ張られやすい、落ち込むとどこまでも落ち込んでしまう、心の傷が治りにくい、という繊細な面もあります。

そこで、そんな邪悪なエネルギーから自分を守るために、日々行える浄化法をご紹介します。

## ① 神社に行く

神社は大変気の高いパワースポット、神社の神様はあなたが来るのをいつも待ち望んでいます。神社にいるだけで、清められた気のシャワーを浴びている状態。悪い邪気を受けにくい波動を取り戻すことができます。

どうしていいかわからないときなど、本心を知りたいときも、神社参りは効果的です。「どうしたい？」と自分の魂（核星）に聴いてみましょう。

## ② 太陽神にアクセス

太陽神アマテラス様にアクセスです。

目を閉じ、午前中の太陽の光と熱を第3の目（眉間）に浴びます。まぶたの裏がマゼンタピンク色になってきたらパワーチャージがなされている証拠です。30秒ほど続けましょう。波動が整い、夢を叶えるパワーが満たされます。

## ③ 月光浴で邪心を祓う

月波動にアクセスしましょう。

月の光は、体と心の古いエネルギーを溶かし浄化させます。
月を見て、目を閉じ3度深呼吸。月の光を細胞に浴びているイメージを浮かべます。

## ④ 線香、アロマキャンドル、セージなど香りで整える

好きだな、いい香りだな、と思うお気に入りの香りをかぐことで魂とつながりやすくなります。
不安に感じるとき、心を整えたいときなど、夜眠る前に香りを使って浄化しましょう。火の元には気をつけて。

## ⑤ スマホ浄化法

不満や文句は、ため続けると古いエネルギーになって、サポート隊とつながるのを邪魔します。その日に生まれた嫌な感情……あの人ホントに無神経！ もうこんな会社辞めたい！ なんであんたにこんなこと言われなきゃいけないの?などは、待ち時間などを使って、その日のうちに処理します。

**人に愚痴を吐き出すのではなく、スマートフォンを利用しましょう。**

**心に浮かぶ気持ち、声に出して言ってやりたい我慢した気持ちを、【浄化】と意識してスマホに打ち込みましょう。**

打ち込みたいだけ打ち込んだら、「ありがとうございます」と言って削除します。

感情エネルギーは言葉に変換することで、心からすっきりと出ていきます。オーラの輝き度がまるっきり変わってきますよ。

**自分にきたものをすべて良きものとして受けとめる**

**⑥　ろっ間・脇下・肩甲骨マッサージで恐怖心を浄化**

上半身には恐怖のエネルギーがたまります。これらがたまった状態ですと夢が実現しにくくなったり、異次元のサポートが入りにくくなります。お風呂で、ベッドで、休憩時間に、脇の下やろっ間を指で押したり、肩を回すなどで肩甲骨周りを動かしましょう。

**⑦　スマホの画面磨き**

鏡や画面をきれいにする行為は、自分のオーラを磨くことにつながります。自分の本心やご先祖ともつながりやすくなり、不安になりやすい性格も改善されていくことで、天界のサポートを受け入れらるようになります。

## ⑧ ルールやマナーを守ることで天界とつながる

ルールやマナー、倫理などを守ることで波動が整い、サポート隊の力強い協力を劇的に得ることができます。

自分だけなら……今日だけだから……とついつい甘えてしまうようなことも努めて正していくとオーラが美しくなり、天界から特別な扱いを受けられるようになります。

お試しあれ!

成功を邪魔する負のエネルギーはできるかぎり近づけたくないですね。

けれども、負のエネルギーはすべて悲しみから生まれたもの。

**嫌がらず、恐れず、自分に来たものを良きものとして受けとめると、逆に爆発的なエネルギーとなって、成功への最短ルートをつくることになります。**

12:34

CHAPTER
5

# 運命以上の素晴らしい未来がやってくる！

# 成功は約束されている。いつ受け取るかだけ

## イメージに浮かぶ＝未来予知

みなさんは未来にどんな夢を描いていますか。

アクセサリーを販売したい！　世界中を旅してみたい！　ネイリストになってハリウッドで活躍したい！　なんでもいいからとにかくお金持ちになりたい！

しかもひとつではなく、あれもこれもやってみたい！

みなさんの未来は、夢であふれるおもちゃ箱のように虹色に輝いているでしょう。

その夢、全部叶えましょう！

今地上は大変夢が叶いやすいようになり始めています。

その理由のひとつが、インターネットの力。自分の得意なこと、好きなことをカンタンに発信できる、シェア・宣伝してもらえる、夢実現の第一歩を始めやすい環境を、天界がつくってくれているのです。

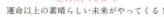

夢や得意なこと、好きなことは、自分の勝手な思い込みによって、あふれてくるものではありません。

**私たちが過去生で成し遂げられなかったこと、もっと極めてみたいことという基礎データは、ＤＮＡに刻まれています。**

**だからこそ、どんな夢であっても、一生懸命がんばりすぎなくても、成功できるようになっています。**

そしてさらに、みなさんの成功や輝く未来は、もうすでに少し先の時空に存在しています。イメージに浮かぶ、ということはそれ自体がすでに未来予知なのです。

そんな輝く場所に１日も早く連れていこうと、多数の見えない存在が一生懸命力をくれています。さらにそれらを邪魔するものの存在を今みなさんは知ることができました。

**これらの情報があるのとないのとでは、夢実現までの時間やエネルギーの使い方にあきらかに大きな差が出てきます。**みなさんの目の前には今、誰よりも早く、金色に輝くアドバンテージの扉が開かれています。

この章ではみなさんの夢を叶えるべく、一つひとつの対処法を具体的にお伝えして参ります。

# 最高のパートナーに出会える！恋愛の願いを叶えるチャネリング

## 課題に向き合っていくことで、幸せが倍増する

現在起こっている問題は、もうひとりの自分がSOSを出しているケースがとても多いもの。インナーチャイルド、疲れ、恐れなどのエネルギーにアクセスし、浄化していきましょう。それと同時に、自分の心の声を聴く習慣もつけていきます。

ここでは、恋愛の悩みを解決するチャネリング方法をお伝えします。

恋愛の相手というのは、

### ① あなたが今必要としているエネルギーを相手が持っている

② **過去生でお互いが両思いの関係だった**

という2点が大きく影響してきます。

とても大きなエネルギーを生む恋愛パワー。

恋愛の課題に上手に向き合っていくことで、幸せが倍増します。

一つひとつの悩みに丁寧に向き合ってみてください。

## 片思いの相手を振り向かせたい！
### ……孤独の殻に閉じこもっているアクセス

あなたが気になっている人は本当はあなたのことが気になるのに、心にバリアを張って、それに気づけないというケースがとても多いのです。

① 相手がプラスティックのバリアの中で苦しそうにしているところをイメージ。

② そのバリアをはずしてあげましょう。相手が息を吹き返し、安堵している笑顔をイメージします。「よかったね！」と声をかけましょう。

③ 3度深呼吸しましょう。

相手の魂とつながる力が開き、おたがいが本当に必要な結果に導かれます。

## あの人の気持ちが知りたい ……相手のマインド（意識）にアクセス

片思いのあの人、素敵なあの人ともっと仲良くなれるかな……。今付き合っている人とはうまくいくのかな……。不安でたまらなくなるときは、魂からのヘルプをもらいましょう。

① 気になる相手の顔をイメージします。

② その顔がパーッと明るくなる／背景が明るくなる、金色に輝く／虹や花など明るいサインが現れる／相手が自分のほうに進んでくる／ハグしているイメージが出てくる……などの場合、あなたと付き合いたいと思っています。

③ その顔が曇る／うつむく／後ろを向いて去っていく／相手の周りが薄暗いなど、マイナスのイメージに動いていくとき、あなたのことが気になっているけれど、事

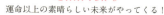

情があって難しいと考えていたり、ほかに交際している人がいる、など今は動くことができない状況です。

人間関係は、そのときの考え方や行動、またストレスなどで、刻一刻と状況が変わります。とくに恋愛関係では、波動が合わないとお付き合いは絶対できなくなっています。

気になる人とうまくいかない場合は、ほかにもっとふさわしい人がいるということ。もしくは、今はうまくいくタイミングではないということです。

ご縁がある人であれば、離れていても必ずうまくいくときがきます。

**大切なのは自分磨きを忘れないこと。**自分自身が人生を楽しむことに注力していれば、必ず良い出会いが訪れますので、楽しみにしていてください。

## 出会いがない

### ……他人や社会をこわがっている自分にアクセス

幼いころの恐ろしい体験に縛られている自分が、心の外へ出ることを拒否しています。恐怖心に立ち向かう力を引き出しましょう。

① 現在の自分が、プラスティックのバリアの中でたったひとりで苦しそうにしているところをイメージ。

② そのバリアをはずしてあげましょう。自分が息を吹き返し安堵している笑顔をイメージ。一緒に深呼吸をします。「苦しかったね！」と声をかけましょう。

人のやさしさ、温かさに触れる体験が起き、行くべき場所へ導かれます。

## 結婚したい
### ……他人と比べて焦っている自分にアクセス

どんなことでも焦ってしまうと、フェイクな人生に突入してしまうようになります。焦りを解いて、本当の自分を見つけましょう。

① ウエディングドレスを着たまま右往左往して焦っている自分をイメージしてくだ

さい。

② ウェディングドレスをいったん脱がせ、リラックスした部屋着に着替えさせて頭の中でお茶を一緒に飲みましょう。

③ 3度深呼吸。

④ 自分に「本当に結婚したいと思ってる?」と声をかけましょう。

〝本当は結婚よりもっとしたいことがある〟〝お母さんがうるさいからしなくちゃ〟など、もうひとりの自分のその答えを聴いてあげましょう。

天職に意識が向いたり、才能が開いたり、そこで本当に求めていた理想の相手に出会えるように導かれます。

## セカンドの恋
### ……優先してもらえず、いつも我慢している自分にアクセス

過去の恋愛において大切にしてもらえなかった心の傷が深いと、大事にしてもらえない恋へ進みやすいものです。それは兄弟間、学校などで優先してもらえず、いつも我慢していた経験がある場合も多いものです。

① 現在の恋人に、いつも後回しにされて、でも何も言えずに悲しんでいる自分をイメージしましょう。
② 過去の悲しい恋愛を思い出しながら、悲しんでいる自分を黙って抱きしめてあげましょう。
③ その自分にあなたが思ういいところをひとつ伝えてください。
④ 強く抱きしめてあげましょう。

あなたを心から大切にしたいと思っている人に出会えるよう、導きをもらえるでしょう。

## 別れた恋人、パートナーのことが忘れられない
### ……彼（彼女）に出会えた喜びを感じている過去の自分にアクセス

別れたことがとてもつらい、いつまでも忘れられない……。それは、それほど相手が素敵な人だったということ。

つまり、出会ったときあなたは精神的に究極の限界状態にいた可能性があります。仕事や人間関係での苦しみを、その人と出会うことで救われた、そんな安堵感を感じたときのあなたが、〝もう一度！〟〝行かないで！〟と泣き叫んでいる状態です。

① 彼（彼女）が大好きでたまらない自分、会えたときに喜んでいる自分、帰り際に悲しくてしょんぼりしている自分にアクセスします。
② 「本当に好きだったのに……！」と共感してたくさん泣きます。
③ 出会ったときの苦しかった自分にアクセスします。

出会えたときの安堵感が強いほど、忘れにくいもの。

週1回のペースで、喜びや悲しみ、つらさにアクセスしていくことで未練が軽減し、気持ちが軽くなっていきます。

# 好きなことを仕事にできる！天職が見つかるチャネリング

## 仕事に悩むときは天職にシフトする時期

私たちは誰でも、天職と言われる仕事を持たされて生まれてきています。
どんな人でも才能や好きなことを仕事にして、楽しんでラクしてたくさんの収入を得られるようになっているのです。

仕事で悩むときは、まさにその天職にシフトする時期です。
古いエネルギーを落とし、シフトチェンジをスムーズにしていきましょう。

## 仕事を辞めたい
### ……自己否定感が強い自分にアクセス

何度も転職を繰り返した、長く仕事に就けない時期があったなどで、自分の能力を軽視してしまっているあなたがいます。

そうすると、会社や職場の人たちのことも軽視してしまうようになります。

① 自分を否定して、真っ暗闇のドームに閉じこもっている自分をイメージします。

② そのドームを少し開けて、光と風を入れましょう。3度深呼吸。

③ ドーム内の自分としっかりと手をつなぎ、外へ連れ出してください。

夢に向かって進む力が現れます。

## いい仕事が見つからない
### ……お金、仕事関係など、人生に大きな不安を感じている自分にアクセス

仕事がなかなか見つからないときは、宇宙全体があなたの人生を展開させるために

タイミングを見計らい、天職に向かって導こうとしているときです。
大きな仕事を手にする前にぜひ必要なのが「不安を取り除くこと」。

① 不安になって、ガタガタ震えている自分をイメージしましょう。
② その自分を黙って抱きしめてあげましょう。
③「こわかったね。ひどかったね。疲れたね」と人生の理不尽さやがんばりに共感する言葉をかけましょう。

不安が解消され始め、仕事が見つかります。

## 職場の人間関係がつらい
### ……厳しい親の前で何も言えなかった過去の自分にアクセス

パワハラ、孤立など職場の人間関係で悩む場合の多くは、親から言葉の暴力を受けたり、必要以上に厳しくされたりした恐怖心で、適切な距離感を図りにくくなっていると起こります。

① 幼いころの親や先生との関係を思い出します。親に怒られて何も言えずに黙っている幼い自分をイメージしましょう。

② その自分に「こわいね」「ひどいね」「おいで」と言って、やさしく抱きしめてあげてください。

③ 3度深呼吸。

孤独感や恐怖心が解除され始め、人との関係の距離感を正しくつかめるようになります。

## パワハラ上司、気の合わない同僚と縁を切りたい
### ……孤立している相手のインナーチャイルドにアクセス

パワハラ、モラハラなどで相手を平気で傷つける人の共通点は、幼いころ、人からの愛情を感じられずに育っていることです。このような人たちから離れるために、相手のインナーチャイルドにアクセスしていきましょう。

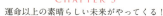

①　目を閉じて、固いバリアの中でひとりうずくまって、孤独に悲しんでいる幼い相手をイメージします。

②　心の中で〝小さいころ、つらかったんだね〟と、後ろから相手の背中を見守るイメージをします。

このとき、相手を抱きしめたり、手をつないだり、直接声をかけたりしなくて大丈夫です。

相手の暴言が和らいだり、相手が転勤などで離れていったりします。

## 転職すべきか悩んでいる
### ……魂にアクセス

転職を考える主な理由は次のふたつ。

**①　仕事がつらい**
**②　次へ動くときを潜在意識で感じている**

そして、転職を悩む理由は次の２つです。

**①　転職に失敗したらどうしようという不安**
**②　現在の仕事内容や人間関係への未練**

これらのシーソーバランスが拮抗していると、自分ではなかなか答えが出せなくなります。そんなときは魂（核星）の自分に聞いてみましょう。

① 自分自身と向かい合って、座っているところをイメージに出します。向かい合っている自分は理想の人をイメージします。

② 目の前の美しい自分に、「ねえ、仕事を辞めてもいい？」と聞いてみます。

そのとき、「開ける感覚、軽くなる感覚」か、「苦しい、すっきりしない感覚」、自分の気持ちがどちらか、リーディングして（感じて）いきます。

後者なら、もう少し様子をみましょう。

恐れや疲れのエネルギーを取り除いていくことで、適切な答えが出てきます。

## いつも仕事が長続きしない

### ……仕事がつらかった過去の自分にアクセス

職場の人間関係などがうまくいかず、ネガティブな意味で転職を繰り返してしまう場合、自分を責めてしまいがち。

こういう状況をつくっているのが、過去の心の傷です。職場や学校などで人から心ない待遇で傷つけられたあなたが、仕事や人生に絶望を感じてしまっています。

① 人間関係や仕事、人生そのものに絶望して、膝を抱えてうずくまっている自分をイメージします。

② その自分のそばに一緒に座り、今までどんなひどいことを言われたか、されたかを思い出していきましょう。

③ こう声をかけましょう。

「それはひどいね！」「ありえないよね！」「それはないよね！」「そんなこと言われたんじゃ、もうどこにも行きたくないよね。ずっとここにいていいよ、そばにいるから」

④ 殻をかぶっている心や今の状況をそのまま認めます。そして頭を抱きしめ、しっかりと手を握ります。

味方がいることがわかったら、間もなく人生を楽しいものだと思えるように変わります。

## がんばっているのに、給料が安い
### ……がんばってきた過去・現在の自分にアクセス

不満を感じたり、物事のリスク面が目についたりするのは、一生懸命がんばっている自分を認めてもらえない悲しみのエネルギーが大きくなっているときです。

① 一生懸命人のためにがんばっている自分をイメージに出しましょう。

② 自分にこう伝えましょう。
「ほかの人にここまでできないよ」「あなただからできることだよ」

③ 子どものころにがんばってきた自分のことも、同様に認めてあげましょう。

誰か見ていてくれる人がいた！とわかる安心感で、稼ぐ能力が磨かれていきます。

# 人間関係が劇的に改善するチャネリング

**古いエネルギーを落として、新しい出会いを迎え入れる！**

人間関係の悩みは、人生の大きな方向転換期に現れます。
この問題を解決していけるかどうかで、次のシフトにうまく乗れるかが決まります。
古いエネルギーを落として、新しい人たちとの出会いを迎え入れましょう。

## 苦手な人との付き合いをやめたい
……親に対して苦しいと感じている自分にアクセス

目の前に現れる嫌な人は、実はあなたの親の姿を映しています。幼いとき、あなたが親に対して持っていた感情をさらけ出し、浄化させてくれるためです。

① 幼いころ、親に何か言われて、言い返せずに黙り込んでいる自分。親が近づいてくると、緊張で固まった自分など、幼いころの自分をイメージします。

② その自分に「こわいね」「ひどいね」「おいで」と呼びかけ、やさしくしっかりと抱きしめてあげてください。

緊張がとけてくると、嫌な人が引っ越ししたり、離れていったり、と自然にいなくなり、無理やり付き合わなくていいようになっていきます。

## いつも他人に振り回される
## ……学校などでひとりぼっちだった過去の自分にアクセス

ママ友、仕事関係でのＳＮＳやご近所のお誘いでがんじがらめ、でもやめることができず苦しい……。それは孤独のエネルギーがあなたの幸せの足を引っ張っているからです。

① 学校や家庭などでのけ者にされたり、陰口を言われたりして、孤独を感じて、ひとりでうずくまって泣いている幼い自分にアクセスしましょう。
② 「こわかったね」「ひどいね」「つらかったね」。そう言ってしっかりと手を握ってあげてください。

人とちがっていいんだ、できないときはできないんだ、と自分を優先させる勇気が開き始めます。

## 人間関係で気持ちが落ち込む
## ……トンネルを抜けて喜んでいる未来の自分にアクセス

仕事や学校に行けない、いつも人間関係で失敗する……この闇から脱却したい！

大丈夫、未来のあなたはトンネルを抜け、今の状況を笑顔で語れるまでになっています。エネルギーをもらいに未来へワープしましょう。

① 具体的な状況をイメージして頭の中で文字にします。
「仲間がたくさんいる！」「恐れずにてきぱきと働いている！」「みんなから頼りにされている！」「成功してたくさんのインタビューを受けている！」など、なりたいシーンを文字にしましょう。
② 「ありがとうございました！」
③ 「顔文字や自分の喜んでいる顔」をスタンプにして、頭の中のパワースポットにペタッと押しましょう。

今あなたは本当の力を発揮する準備の段階にいるだけです。自慢したくなるような未来が待っています。

## ご近所トラブルで困っている
……①孤立している相手のインナーチャイルドにアクセス
……②何も言い返せずにいた、幼い過去の自分にアクセス

敷地や騒音、ペットの飼い方などでお隣さんともめると、離れたくても離れられな

くてストレスは増す一方。そんなときは次の2段階の方法をとってみましょう。

**【第1段階　孤立している相手のインナーチャイルドにアクセス】**

パワハラ、モラハラと同様、トラブルを起こす人の共通点は、幼いころ人からの愛情を感じられずに育っていることです。このような人たちから離れるために、相手のインナーチャイルドにアクセスしていきましょう。

① 目を閉じて、固いバリアの中でひとりうずくまって孤独に悲しんでいる、幼い姿の相手をイメージします。

② 心の中で〝小さいころ、つらかったんだね〟と、後ろから背中を見守ります。抱きしめたり、手をつないだり、直接声をかけたりしなくて大丈夫です。それだけで相手の暴言が和らいだり、相手が引っ越していったりします。

**【第2段階　何も言い返せずにいた幼い過去の自分にアクセス】**

威圧的な暴言、暴力に体がすくんで動けなかった幼いころの自分にアクセスしましょう。

① 親が厳しかった、学校で強い人がいた、恐怖の記憶が、ご近所トラブルを起こさせます。恐怖で自由にものを言えずに黙り込んでいる幼い自分をイメージします。

② その自分に「こわかったね」「ひどいね」、そう言ってしっかりと手を握ってあげてください。

すくむ気持ちがなくなり、悪をはねのける力が生まれます。

## 離婚したい
### ……裏切りのトラウマにアクセス

人間関係での裏切りの傷がうずくと、離婚を考えるようになります。

① 過去の恋愛で裏切られた、あるいは親に見捨てられる、大事にされないといったショックを受けたときの自分にアクセスしてください。

② ショックで頭が真っ白になり、固まっている自分を介抱してあげます。

③ ショックを受けていたあなたがやがて目を開け、起き上がるイメージが出てきたら、ショックの傷が良くなり始めています。起き上がるイメージがなかなか出てこない場合は、かなり強いショックを受けているときです。1カ月に一度、アクセスし、暖炉の前で温めてあげましょう。

ショックを癒すことで、本当の自分の気持ちが見えてきて、感情的に離婚をして後悔することを避けられます。

## つい見栄を張ってしまう
### ……傷だらけで泣きじゃくっている過去の自分にアクセス

序列や持ちものなどが気になって見栄を張ってしまう、人と比べて焦りや不安を感じてしまうのは、過去の傷ついた気持ちが、本来の上昇エネルギーを後ろへ引っ張っているときです。

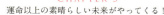

①　学校や家で、周りから認めてもらえなかったり、比べて優劣をつけられたり、そのままの自分を認めてもらえなかった悲しみにひとりで泣きじゃくっている幼い自分にアクセスします。

②「ひどいね」「あんまりだよね」と自分に声をかけます。そしてしっかりと抱きしめてあげましょう。

不安が消えていくことで、本来持っている大金を稼ぐ能力がメキメキ発揮されていきます。

# 心も体も元気になるチャネリング

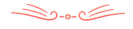

**体調や食欲も神様からのいただきもの。コントロールする必要はない**

現代はメディアの情報や不安に翻弄されて、本当に必要な食べ物を摂取できずにいる方が多くいます。幸せの基本、健康こそ、天界の指示が大きなカギとなります。

## 理想体型になりたい！

我慢やリバウンド、なかなか結果が出なくてストレスばかり。輝いている未来の自分にアクセスして力をもらいましょう。

① 具体的なやせた姿をイメージします。
服がぶかぶかで喜んでいる／細身の服を着て喜んでいる
② 「やせた！」「服のサイズが小さくなった！」など完了形で言葉にします。
③ 「ありがとうございました！」
④ 顔文字や自分の喜んでいる顔をスタンプにして、頭の中のパワースポットにペタッと押しましょう。

体調や食欲は神様がくれるもの。焦らず、比べず、感謝の気持ちでさらに天界の力をもらえるようになります。

## ずっと若くいるためには？

誕生日が来るのがこわい！　鏡を見るのがこわい！　そんな毎日とはサヨナラしましょう。私たちの中にある、美しくかわいらしくなろうとする力を目覚めさせましょう。

① 具体的になりたい自分をイメージします。
10才若く見られ、喜んでいる／コンテストで優勝！／顔のしわが消えて鏡を見るのを楽しんでいる
②「肌がつるつるになった」「おしゃれな服に出会ってさっそうと歩いた」「モテモテになって断るのに困った」など、完了形で文字にしましょう。
③「ありがとうございました！」
④ 顔文字や自分の喜んでいる顔をスタンプにして、頭の中のパワースポットにペタッと押しましょう。

気づくと周りの人より、ひと回り年下に見られている、その日を楽しみにしていてください。

## 宇宙のパワーを借りて、元気になる！

体が痛い、動かない、というとき。宇宙のパワーで改善させていきましょう。

① 具体的な回復の姿をイメージします。
元気に階段を駆け上がっている／服がぶかぶかで喜んでいる／笑顔でショッピングを楽しんでいる／絵花束をもらって退院の日を迎えている
②「元気になった！」「痛くない！」「体が自由に動いてる！」など状況を言葉にしましょう。
③「ありがとうございました！」
④ 顔文字や自分の喜んでいる顔をスタンプにして、頭の中のパワースポットにペタッと押しましょう。

体が本来持っている、自分で良くなろうとする力にスイッチが入り、少しずつ確実に改善に向かいます。

# うまくいく？ どうしたらいい？「答え」を知りたいとき

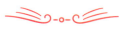

## ひと晩眠ることで、必ず答えが落ちてくる

天界、霊界などの異次元世界や世界中の人々の動きが調整され、あなたの進むべきベストな道が決定します。あなたが悩むときは天界があなたのために一生懸命動いているとき。ひと晩眠ることで、必ず答えが落ちてきます。

## 5年後、10年後、30年後…将来が気になる

私の将来どうなっちゃうんだろう……。このままで大丈夫なのかな……。不安に襲われるときは、すでにある輝く金色の成功ルートへワープしましょう。

① 目を閉じ、深呼吸しましょう。
② 第三の目（眉間）を意識します。今自分のいる場所から前に向かって伸びる道をイメージします。
③ その道はまっすぐに伸び、金色に輝いています。目指すゴールに行きつくまでの道は、曲がりくねっているのが普通ですが、まっすぐに広々と金色に伸びる道をイメージすることで、困難が最小限になっていきます。

直感で「これだ！」とひらめいた答えは魂からのメッセージです。

## YESかNOか答えを得る方法

自分で感じたことが本当か、それとも気の迷いかを確かめたい、と思うときがあります。目を閉じ、その問いを自分の心（内部）に向かって尋ねてみましょう。

① 目を閉じます。
② 知りたいことを心に向かって質問します（はい、いいえで答えられる質問）。

③　体の反応を感じます。

NO↓　反応がない／違和感を感じる／心地良くない／頭を横に振るように動く／首をかしげたくなったりする

YES↓　涙があふれる／首が縦に動く／直感でYESだ！と確信できる／嬉しい気持ちになる／全身がビリビリする／咳が出る／心臓がドキドキしてくる／鳥肌が立つ

魂や神様の波動を体感していくことで、より深いメッセージを受け取れます。

## にっちもさっちもいかない…どうしたらいい？

あれもこれもと仕事や家事に追われパニックになる、思考停止する……。そんなときは心のカウンセラーにアクセスしましょう。

①　目を閉じ、心の中に理想の人をひとりイメージしましょう。その人があなたのカ

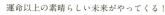

ウンセリングの先生だと設定して、悩み相談、質問をしてみます。

② 心に描いた理想の人物は、未来の自分。適切なアドバイスを直感という形で感じさせてくれます。

問題解決のためには徹底的に自分で考えることが必要だったり、宇宙や地球のバイオリズムの関係で解決のタイミングが後になったりなど、すぐに解決できないこともよくあります。

ほしい答えがキャッチできないときは、いったん休むことが必要。お風呂に入ったり（お湯につかったり）、ひと晩眠ったりすることでエネルギーが変化して、必ず解決の答えが落ちてきます。

## 失敗、別れ…この出来事はなぜ起きたの？

試験や競技で結果ががっかりするものだったとき、その理由を天界や魂に尋ねてみましょう。つらい出来事は、表面的な理由と魂レベルでの深部の理由など複雑な事象で起こっています。

**【表面的な理由】**

がっかりした結果に、原因が思い浮かぶ場合は反省点、課題点として魂が教えてくれてくれています。すぐに思い当たるものがない場合でも、「もしかしたら、あれかな……？」と浮かんでくるものがあります。必ず思い浮かぶようになっていますので、次回が本番だと思い、反省点として覚えておきましょう。

**【魂レベルでの理由】**

うまくいかない出来事が起こるのは、以前にも同じことを経験し、そのときに受けたショックや悲しみを思い出させるためです。過去に起こった同じような出来事を思い出してみましょう。

昔の傷を思い出すことで傷が癒され、恐怖心やパニックになる気持ちが消滅し、運気が劇的に好転するからです。

関わってはいけない人や場所、職場の場合、ご先祖様、魂、神様があえて問題を起こし、離してくれています。

天界に向かって（神様をイメージして）、「このことで私は何を知るべきだったの？」と尋ねてみましょう。

物事を丁寧に分析することで、心（メンタル）や思考・意識（マインド）の整理ができます。エネルギーが浄化され、天界などとのつながりがよりクリアになります。

# 夢を叶える種はDNAに刻み込まれている

## お金に対する本心に気づいていますか？

こうなりたい！という夢が浮かぶのは、その夢を実現させるDNAを持って生まれてきているから。

その夢が、たとえ〝カンヌ映画祭で受賞したい！〟〝ファッション誌の表紙にのりたい！〟〝女優として華やかな暮らしがしたい！〟など、けた外れに思えるものであっても、夢を叶える種はDNAにしっかり刻み込まれているのです。

また、お金に関しても同様で、誰でも裕福になれるようになって生まれていますが、お金に対する本心が心の奥に隠れているままだと、お金との正しい関係性が築かれなくなります。夢もお金も、正しいルートを外させるエネルギーを取り除きましょう。

## 仕事で成功・出世したい
### ……失敗してがっかりしている過去の自分にアクセス

周りが次々と出世……、いつも自分ばかり馬鹿を見る……など、努力が実らない、と感じるときは過去の自分からのSOS。自信をなくしてしまう出来事にアクセスして自己肯定力を取り戻しましょう。

① 学校などで人前で怒られた、間違えて笑われたなど恥ずかしさを感じている昔の自分、また、失敗によって責められたなどの恐怖や、不安を感じてふるえている自分にできるかぎりアクセスします。

② その自分に「恥ずかしかったね」と声をかけます。

臆病な気持ちが晴れ、失敗を上昇エネルギーに変換していけるようになります。

## 海外で優雅に生活したい
### ……地球（globe）の女神様にアクセス

スピリチュアルなことに引っ張られる場合、過去生で海外で活躍した経歴が多くそのため、海外生活を成し遂げる力を持っています。

それを実現させるために、また成功させるために地球（globe）の女神様にアクセスしていきましょう。

① 目を閉じて、宇宙に浮かぶ青い地球の周りを自由に笑顔で旋回している女神様をイメージします。

② 女神様と一緒に、地球の周りを飛び、地球を抱きしめるイメージをします。

③ あなたのピンク色のハートを地球に押しつけるようなイメージで、地球を温めてください。

④ 海外でイキイキ活躍している未来の自分とつながってください。

⑤ 女神様にお礼を言って離れましょう。

勇敢に生き抜くエネルギーがあふれ、仕事、人間・恋愛関係、経済的余裕など、がんばったご褒美がたくさんあふれてきます。

## 将来叶えたい夢がある
### ……夢をラクラク叶えた未来の自分にアクセス

叶えたい夢があるなら、それがもう叶っている未来へワープしましょう。

① 具体的な成功をイメージします。
トロフィーを持ちながら、インタビューを受けている!／カウンセラーとしてお客様が笑顔になっている!／あこがれの家でインテリアを選んでいる!
〇〇になれた! オーディションに受かった! 服のサイズがワンサイズ小さくなった!など、完了形で言葉にするのもいいです。

いずれも最後に、

②「ありがとうございました！」

③ 顔文字や自分の喜んでいる顔をスタンプにして、頭の中のパワースポットにペタッと押しましょう。

よりしっかりと輝く未来を手にすることができます。

## 億万長者になりたい
### ……お金で不安や恐怖を感じた自分にアクセス

幼少期に家が貧乏だった、親が保証人になって借金地獄だった、買いたいものも買ってもらえず進学もできなかった、など、お金にまつわるつらい出来事を経験していると、お金との間に知らずにバリアを張ってしまうようになります。

このバリアをブレークスルーするために、お金のことでこわがっている過去の自分にアクセスしましょう。

① 親に言われた言葉……「そんなお金ない」「うちは貧乏なんだから」「また借金

取りが来た！」などを思い出し、それを言われて悲しんでいる過去の自分をイメージに出しましょう。

② こう声をかけましょう。「ひどいね」「こわかったね」

③ 自分の状況を左右するお金に対して、「お金なんかだいっきらいだ！」と泣き叫んでいる自分をイメージしましょう。泣き叫んでいる自分の気持ちを共有するために「お金なんかだいっきらい！」と一緒に声に出し、つらい経験を思い出します。

**「お金＝悪」という闇の潜在意識が払拭され、「お金は神様からの素敵な贈り物！」という愛の公式がインプットされます。**

大金を生み出すジェネレーターとして活躍できるでしょう。

# 願った以上の結果がもう用意されています！

## 富める者になれるかどうかは、自分の気持ち次第

私たちのいる太陽系宇宙は、現在次の新しい段階に大きくシフトしようとしています。次の段階というのは「地球の浄化の時期」。つまり、私たち人間の心をきれいにしていく、平和に向けての段階に入ったと言えます。

私のところには、定期的に天界から「今後の地球の運気の方針」というお知らせが入ってきます。

その情報によると、これからはさらにいろいろな格差が開きやすくなっていく、一時的に富める者とそうでないグループに極端に分かれ、しかも富める者の割合はそう

でないグループに比べほんのわずか、という状況になるそうです。

富める者というのは「幸せ者」グループ。

このほんのわずかな幸せ者グループの質は今後ますます上昇し、その人数はますますふるいにかけられ減少し、幸せ格差はじわじわと広がっていきます。

幸せ者グループは、天職を見つけ、そこで思う存分才能を発揮し、想像以上のまさかの収入を得るようになります。自分が想像するものをはるかに超えた世界がやってきて、病気神も貧乏神も近寄ってこられないオーラで輝きます。

**富める者と、そうでないものの格差をつくるものはなんでしょう。**

**それは、自分の人生をアップグレードさせたい！という気持ちです。自分の可能性を眠らせたままにしていてはいけない！という、自分を、人生を信じる強い思いです。**

その信念や、自分を見捨てない気持ちが、オーラの輝きの源となるのです。

異次元体の力をいかに取り込み、上昇気流に乗るか。上昇を邪魔するエネルギーといかに手を切っていくか。

みなさんが今、レアな天界の情報を授かるのは、もちろん偶然なんかではありません。みなさんの今までのがんばりを神様たちがしっかりと見ていて、あなたと仲良くしていきたい、と引っ張り上げてくれているからです。

幸せグループに入る人というのは、誰よりも強力なサポーターに見守られる人、そしてまた、天界からのパワーを、困っている人たちに渡していくこともできる人たちなのです。

## 才能は天から引っ張り出すもの

私たちの仕事や収入というのは、才能の発揮の仕方に関係しています。

才能を発揮できるようになれば、自然に仕事と収入の波に乗り、おだやかで楽しく刺激的な人たちに囲まれ、ゆるやかな流れで右肩上がりに上がっていきます。

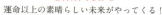

私たちには誰にでも夢を叶える力が備わっている……と言われても自信を持てない方もいるでしょう。

今やりたいと思っていることが正しいことなのか、それをどうやって形にしたらいいのか、うまくいくのか、詐欺に遭って大借金を抱えるのでは？

バッシングされたらどうしよう……！　そもそも私には才能なんかないし……。考え始めたら不安ばかりが襲ってくるでしょう。


けれども、心配ご無用です。才能というのは天に開いた穴から落ちてくるもの。それをつなげるのが魂のパイプです。魂のパイプがつまってしまっていると才能に気づけなかったり、わかっていてもスルーしてしまうということが起こります。

今チャネリングのしくみについて学んだみなさんには、すでにクリアなパイプが通っていますから安心してください。

そして、この天界とつながるパイプがあれば、上がったランクは決して下がることはありません。


始めた仕事がうまくいかなかった……。

いつもひどい人たちに出会ってしまう……。

せっかく出会えた恋人に振られてしまった……。

こんなことが起こるのは、次のランクへあなたを運ぶための調整が起こっているから。一時的なことですから、安心して楽しむ余裕を持ちましょう。

パイプを常にクリアな状態に保とう、とがんばる必要はありません。このパイプは一生懸命掃除し続けなくていいんです。

もしみなさんが、「どうしていいかわからない！　知恵がほしい！　助けて！」と、異次元体の力が必要になったときは、次の言葉を唱えてください。

**「必ず解決策はある」**

この言葉をスタート地点にすると、考える力というものが働き始めます。

脳が動き出したその微細な電気信号が、異次元体の波動と共振し始めてパイプの掃除がいっきに進み、今どうしたらいいか、何が必要か、物事を見極め進めていく勇気や知恵が、天界からスルスルと降りてくるようになってくるのです。

## 読者の皆様へ

# 日下由紀恵 先生
# すばる舎特設サイトのご案内

『強運を引き寄せる！ “神様チャネリング”ですべてうまくいく！』をご購入くださり、誠にありがとうございます。

弊社特設サイトにて、日下由紀恵先生の特別イベント（すばる舎主催）のご案内や電子書籍などの情報を公開しています。
ぜひ、ご活用ください。

**http://subarusya1.com/channeling/**

※本企画は、当社の都合により予告なく変更・終了する場合がありますので、あらかじめご了承ください。

〈著者紹介〉

## 日下由紀恵（くさか・ゆきえ）

◇－スピリチュアル心理カウンセラー、カラーアナリスト、翻訳家。東京都出身。
「癒しのカウンセリング」を行うスピリチュアル心理カウンセラー。ある日突然、生まれる瞬間のビジョンを見せられてから急激に霊感が開き、神様との会話のチャンスを授かる。その中で、人間の持つ可能性を最大に引き出す「自浄力」のしくみについて教示を受ける。相談者の魂とアクセスする「魂のアクセス・リーディング　カウンセリング」は国内にとどまらず、海外からも人気。日本全国でカウンセリング、セミナー講演を行っている。生霊・未成仏霊・地縛霊の浄霊活動にも携わり、浄霊数は1千万体にも上る。これまでの著書累計部数は32万部を突破（2018年12月現在）。

◇－著書に『神様からのGift Word　心を浄化する幸せの言葉』（永岡書店）、『神様が教えてくれた　豊かさの波に乗るお金の法則』『神様が教えてくれた「怒り」を「幸せ」に変える方法』（以上、河出書房新社）、『「異次元の扉」を開いて幸せになる』（三笠書房）などがある。

オフィシャルHP
http://www.kusaka-yukie.com/
ブログ「オーラが輝く！　神様が教えてくれた自浄力」
http://ameblo.jp/officeindigo/

**強運を引き寄せる！“神様チャネリング”ですべてうまくいく！**

2019年1月29日　　第1刷発行

著　者――日下由紀恵

発行者――徳留慶太郎

発行所――株式会社すばる舎

東京都豊島区東池袋3-9-7 東池袋織本ビル　〒170-0013
TEL　03-3981-8651（代表）　03-3981-0767（営業部）
振替　00140-7-116563
http://www.subarusya.jp/

印　刷――中央精版印刷株式会社

落丁・乱丁本はお取り替えいたします

ISBN978-4-7991-0789-8